CAHIERS DE RECHERCHE ÉTHIQUE

3~ Une nouvelle morale sexuelle?

DOCUMENTS

Cette publication a reçu l'aide du fonds P.A.R.T.A.G.E. que nous remercions pour son appui.

Numéro de la fiche de catalogue
de la Centrale des Bibliothèques — CB : 76-5973

ISBN : 0-7755-0601-X

Présentation

Le thème interrogatif de ce troisième Cahier *ne veut pas donner le change au lecteur qui s'attendrait à y trouver « enfin la réponse ». Les collaborateurs qui ont bien voulu s'exprimer dans ces pages délaissent à qui s'y plaît encore le jeu simpliste question-réponse en la matière.*

Les titres réservés — et pour certains trop modestes — que l'on retrouve en tête de leurs contributions nous entraînent vers un tout autre horizon : là où il est admis qu'entre le harnais sexuel à garrot de la chaste époque et le débridé tout-terrain de la mode présente, il y a place pour une aire peu explorée d'interrogations, de recherches et de vérités comme pour des sentiers plus salubres et plus avenants.

L'on saura gré à l'équipe qui nous livre ces pages d'oser aborder une matière jugée encore « délicate » : l'honnêteté qui inspire ses propos l'autorise bel et bien à questionner lucidement la consigne sexuelle classique : « être en règle avec les lois de la nature ».

Rodrigue BÉLANGER

AVONS-NOUS ENCORE
UNE ÉTHIQUE SEXUELLE?

Hélène Pelletier-Baillargeon

Journaliste et essayiste, Hélène Pelletier-Baillar-
geon a été membre de l'équipe de rédaction de la
revue Maintenant *de 1964 à 1975 et elle y a signé*
de nombreux articles concernant l'éthique sexuelle
et la morale conjugale en collaboration avec le
théologien Vincent Harvey ou le docteur Jacques
Baillargeon. Aujourd'hui rédactrice de la chroni-
que politique du magazine Châtelaine *et membre*
du conseil d'administration de la revue Critère
(CEGEP d'Ahuntsic). Mariée, mère de quatre en-
fants. Sa maison est très fréquentée par les moins
de vingt ans.

Les caricatures faciles qui encombrent les émissions de lignes ouvertes et les colloques à la mode sur la sexualité correspondent rarement à la complexité de la réalité quotidienne vécue par les adultes et les jeunes. Ces caricatures reproduisent généralement la dialectique suivante : d'une part des parents « vieux jeu », passablement refoulés, traumatisés par le moralisme castrateur de leur éducation et finalement envieux et punitifs face à la nouvelle liberté sexuelle de leurs adolescents. D'autre part des jeunes spontanés, émancipés, bien dans leur peau et paraissant cueillir avec une aisance déconcertante toutes les « roses de la vie »...

Or si ce patron peut s'avérer un prêt-à-porter très généralement reproduit, quelques forages bien appliqués en certains points névralgiques de la conscience intime des deux groupes en question ramènent immanquablement au jour certains paradoxes propres à pulvériser sur-le-champ toute tentative de généralisation précoce.

Voilà pourquoi l'auteur de ces lignes aurait pu intituler son propos : « Notes de réflexion ». À son avis, la synthèse est loin d'être faite. À preuve, quelques paradoxes courants...

À côté des *refoulés classiques* dont nous parlions plus haut, il est important en effet de mentionner aussi une catégorie de plus en plus fortement représentée au Québec, celle des *défoulés tardifs*.

Ceux-là, parents de 40 et 50 ans, sont issus de cette formation morale maintes fois décrite et dénoncée depuis vingt ans dans notre littérature pour son autoritarisme désuet, son mépris du corps et le peu de cas qu'elle faisait de la conscience personnelle. Ces parents-là ont subi longtemps dans la peur des interdits sexuels vécus sur un mode purement négatif. Mais toute l'armature clérico-religieuse de la société québécoise s'étant effondrée en l'espace d'une décennie, cette même catégorie de parents s'est tout-à-coup mise à « rattraper le temps perdu » avec la maturité, la mesure et le bon goût d'une bande de gamins gourmands prenant d'assaut une boutique de confiseur...

Puissamment aidée en cela par tout un contingent de maîtres à penser « spécialisés », orchestrant dans les mass-media cette campagne de réhabilitation glorieuse du sexe bafoué, cette génération revancharde constitue actuellement la clientèle privilégiée et assidue du « sex-shop » et de la presse porno. Traumatisée au contraire cette fois par les critères implacables du rendement sexuel et de la multiplication des expériences insolites, cette génération, retournée comme une mitaine, était récemment décrite de façon irrésistible par le journaliste Daniel Pinard (« *Le sexe chromé* », dans le magazine *MacLean*, février 1976)...

Pour l'observateur superficiel, ces pères et ces mères « libérés » seraient donc sensés constituer pour les jeunes d'aujourd'hui des parents « en or » ? Or les confidences d'adolescents nous apprennent qu'il est loin d'en être toujours ainsi à l'usage... Certes, dès l'éveil de l'adolescence, le jeune peut être facilement séduit par ce climat de permissivité accommodante que de tels parents se doivent de créer pour favoriser la connivence et la complicité nécessaires à leur propre vie... Mais très rapidement, le jeune se sent heurté par ce climat de rattrapage obsessif qui ne correspond à rien à l'intérieur de la conscience beaucoup plus naturelle et saine qu'il se fait de l'exercice de sa propre sexualité.

En outre, si l'idée d'avoir des parents eux-mêmes amateurs de « cuites », de « voyages » et d'échanges de partenaires sexuels peut sembler à première vue libérateur pour un jeune, en revanche l'insécurité affective créée par l'appréhension des conséquences qui peuvent en résulter au plan du couple et de la cellule familiale devient pour lui un poids inconscient très lourd à porter.

Je pense ici à Isabelle, 16 ans, bourrée de malaises psychosomatiques et qui rentre de l'école pour faire face à l'alcoolisme de ses parents ou à leurs adultères exhibitionnistes. Entre ce vécu-là et l'amour naissant d'Isabelle pour Sébastien, il n'y a pas de commune mesure, pas de dialogue possible : pour elle, le modèle culturel de l'amour et du couple est éclaté, irrécupérable. Isabelle et Sébastien doivent tout réinventer à partir de zéro. C'est très dur, partir de zéro à dix-sept ans.

Même quand le sexologue de l'école vous a bien disséqué tous les organes génitaux et loué tous les aspects de leur merveilleux fonctionnement, il y a des questions qui demeurent entières. Par exemple celles de la durée, de la transparence, de la sincérité, de la totalité. Des questions qu'un jeune aurait envie de poser à des amoureux chevronnés et sur lesquels le temps est passé avec son usure... « Ce que je trouve le plus pâmant, me dit encore Isabelle en m'aidant à décoller mes biscuits de sur la tôle brûlante, c'est de voir un homme à cheveux gris apporter encore des roses à sa femme »...

Je sais bien qu'Isabelle fait l'amour avec Sébastien. Sébastien a connu bien d'autres filles avant elle. Mais là, pour le moment, entre eux c'est le grand amour. Isabelle aurait préféré attendre. Faire l'amour à la sauvette, sur un divan de salle de jeu, ce n'est pas tout à fait ce qu'Isabelle souhaitait. Isabelle se reconnaît romantique : un décor bien à soi, le temps libéré, l'intimité qui a un lendemain, c'est de cela qu'elle rêve encore. Mais Sébastien est tout pour elle : c'est pour elle une question de survie affective. Ce n'est pas tellement le sexe de Sébastien, c'est la tendresse de Sébastien qui importe avant tout pour Isabelle. La gentillesse, la chaleur de Sébastien et ces confidences mutuelles qui n'en finissent plus... C'est pour conserver cela qu'Isabelle a accepté de faire l'amour avec Sébastien. À sa façon, elle y met une grande « pureté » de cœur. Mais en même temps Isabelle ne voit aucun rapport entre son « lien » avec Sébastien et le « lien » que ses parents entretiennent avec leurs amants et leurs maîtresses : ils n'ont pas réussi à la « mettre dans le coup ». Leur tentative de complicité a été un échec. L'idée que l'on puisse rapprocher son vécu à elle, Isabelle, de celui de ses parents la fait se révulser : pour Isabelle et Sébastien il y a une « morale de l'amour » qu'ils formulent encore de façon malaisée mais qu'ils entendent respecter. Et de ce point de vue, les *défoulés tardifs* de la quarantaine ne leur inspirent que commisération... En feuilletant les magazines érotiques de maman ils hochent la tête avec un sourire de pitié : « Ça prend des gens malades ! » Il n'y a que les nouveaux théoriciens du sexe ou les vieux moralistes désenchantés pour s'aveugler au point de réunir sous une même étiquette les minables exploits d'anciens refoulés et les ébauches de vie de jeunes qui désertent le cinéma-porno de papa pour courir voir ensemble *Roméo et Juliette* ou *Harold et Maude*...

*   *   *

Minoritaires, réfléchissant plus que jamais seuls dans une ambiance de « diaspora » se retrouvent aussi les *ménages chrétiens militants* qui, bien avant *Humanæ vitæ* ont mené les grands combats pour la paternité et la maternité responsables. Ménages qui, au cours de cette expérience à la base auprès d'autres couples ont élaboré une éthique vécue qui devait coïncider, à maints égards, à l'époque de Vatican II, avec les recherches des grands artisans de pointe de la théologie morale actuelle. Pour ceux-ci, comme pour ceux-là, depuis *Humanæ vitæ,* comme depuis la parution du dernier document romain sur la sexualité, les voies officielles sont déclarées « sans issue ». Nous nous retrouvons tous ensemble dans la situation de Galilée, confondu, mais marmonnant quand même entre ses dents : « Et pourtant elle tourne ! »...

Nous sommes donc contraints de nous retrouver non seulement sur le terrain stictement réduit de la pastorale mais surtout sur celui de l'éthique collective. En contexte québécois, en effet, ce sont les chrétiens qui, solidairement, ont en tout premier lieu à assumer la responsabilité de l'héritage de cette tradition éthique lourde, morose et aujourd'hui rejetée dont nous parlions plus haut.

Au *plan pastoral* toutefois, notre réflexion et nos activités en sont actuellement au point mort. L'encyclique *Humanæ vitæ* est toujours là, suspendue en l'air comme une énorme abstraction qui n'a plus la moindre petite répercussion logique ou cohérente au plan de l'ensei-

Avons-nous encore une éthique sexuelle ?

gnement catéchétique, de la prédication et encore moins du confessionnal qui a complètement cessé d'être utilisé comme tribunal d'inquisition sexuelle. D'un bout à l'autre de la ligne, c'est donc le silence feutré et total. Cet énorme pavé jeté en travers de notre route en 1968 a eu pour effet de mettre en hibernation prolongée tout effort de réflexion articulée au sein de la communauté chrétienne. Le récent document romain, quant à lui, n'a eu pour effet que d'abaisser encore de quelques degrés, si faire se peut, le dit processus d'hibernation...

Actuellement la stratégie du silence entourant l'éthique sexuelle constitue la seule façon pour chrétiens et pasteurs d'éviter à leurs chefs spirituels (qui pour le plus grand nombre partagent secrètement leurs vues) d'avoir à leur imposer des sanctions pour des prises de position non conformes à l'enseignement officiel. Tactiquement l'époque des audaces et des bavardages théologiques est donc bien révolue.

Pourtant ce sont les grandes époques de contestation qui suscitent habituellement les meilleurs climats de réflexion dans l'Église. La vie, c'est le mouvement ! Chaque fois qu'il s'est produit un danger de schisme dans l'Histoire, les chrétiens se sont vus obligés à des remises en questions et des réaffirmations salutaires de ce qui leur paraissait « essentiel » à l'intérieur du message. Or, actuellement, nous avons au contraire isolé la question sexuelle, nous avons créé un vide stratégique autour d'elle, nous ne la relançons plus, nous ne l'irriguons plus : nous la laissons pourrir sur place. Comptant sans doute sur le temps pour en faire un objet de musée, à l'exemple de la question du prêt à intérêt à laquelle on l'a maintes fois comparée, nous avons poussé ailleurs nos pistes de réflexion les plus fréquentées.

Peut-être au demeurant cette attitude pastorale était-elle la seule possible ? Pourtant, les résultats de cet immobilisme sont là qui laissent les parents chrétiens souvent fort démunis particulièrement face à leur rôle d'éducateurs de la conscience des jeunes.

Puisqu'en effet la catéchèse ne parle plus de péché sexuel, puisqu'au contraire elle présente désormais la sexualité de façon générale comme une réalité positive au sens biologique et éthique du terme, par quelle entourloupette-maison le couple chrétien moyen va-t-il, par exemple, tenter d'amener sa progéniture à considérer aujourd'hui le mariage monogamique, fidèle et fécond, comme un critère d'excellence parmi tant d'autres que lui proposent le cours d'ethnologie, de psychologie, de sexologie ou d'histoire des religions ?

Et inversement, comment, devant l'absence totale de repères pastoraux renouvelés, ce même couple en viendrait-il à considérer comme « marginal », « déviant » ou « pécheur » son jeune ménage à l'essai qui vient gentiment faire sa petite lessive dominicale chez papa et maman ?

Certes, « tout le monde le fait, fais-le donc », nous nous rabattons forcément sur le repère infaillible du grand principe général de la charité : « Aime ton prochain comme toi-même »... Voilà un repère qui permet certes des prolongements très significatifs lorsqu'appliqué à l'éthique sexuelle. Il permet par exemple, de déclarer la guerre à l'amour vénal, à l'utilisation égocentrique ou à la chosification de son partenaire. Il fait même appel à la notion-clé d'altérité ce qui rapproche ses conclusions de celles du freudisme meilleur teint : tout amour génital devrait évoluer naturellement, avec la maturité, vers la coïncidence avec l'autre, vers le don à l'autre, etc., etc.

C'est généralement à partir de ce critère général que les chrétiens de bonne volonté résolvent entre eux actuellement leurs problèmes personnels d'éthique face par exemple à la contraception ou au divorce, vg:

1° – Anne-Marie, incapable d'entreprendre physiquement une troisième grossesse, a opté pour la ligature des trompes ; après quoi Christian et elle ont adopté un enfant légèrement handicapé.

2° – Après la rupture de leurs ménages respectifs, Pierre et Françoise se sont remariés afin de pouvoir redonner à leurs six enfants réunis une vie de famille normale etc., etc.

C'est également à partir de ce principe général que les couples chrétiens, au meilleur de leur connaissance, essaient de réinventer au jour le jour leur rapport « d'éducateurs moraux »... La charité avant toute chose : donc ne jamais « moraliser », ni condamner, ni imposer, mais au contraire écouter, accueillir, comprendre... Et à travers tout cela tenter de témoigner quand même de « certaines valeurs » qui ne devraient, selon l'Évangile, tolérer ni mensonges ni démissions, mais qu'il est difficile, au nœud de certains conflits, d'identifier toujours clairement...

Vg : Depuis des mois, pour Solange et Claude, les amours de leur fils Martin et de son amie Sylvie (18 ans tous les deux) ne font

Avons-nous encore une éthique sexuelle ?

plus mystère. Cependant ils souffrent avec eux du caractère clandestin de leurs relations. Martin et Sylvie croient que la société est avant tout répressive et que c'est la peur de la sexualité qui empêche Solange et Claude de les laisser cohabiter librement au chalet avec la famille. Solange et Claude reconnaissent la liberté de Martin et de Sylvie hors de la maison mais, chez eux, se préoccupent avant tout de la réaction des plus jeunes : un choix posé à dix-huit ans est une chose ; un effet d'entraînement qui risque d'amener le même comportement chez des pré-adolescents est autre chose, selon Claude. Quant à Solange, elle n'est pas sûre d'être suffisamment maîtresse des réflexes de sa formation passée pour accepter la confrontation : elle reconnaît le droit de son aîné mais croit également avoir elle aussi le droit de conserver, entre ses valeurs personnelles et son cadre de vie, une certaine cohérence. Pourtant Claude et Solange souffrent profondément car ils reconnaissent la précarité de leur décision : Martin et Sylvie n'ont toujours d'autre issue que la clandestinité puisque de se « mettre en ménage » signifierait, pour l'un d'eux au moins, l'abandon du CEGEP.

*   *   *

Comme on le voit, face à l'éclatement de la société traditionnelle, face aux critères objectifs de cette sexologie moderne qui semble récuser l'idée même de « norme sexuelle », la plate-forme de l'action pastorale s'avère bien parcimonieuse et bien étroite. Pour le chrétien de plein air animé d'un fort sentiment d'appartenance communautaire, l'urgence apparaît beaucoup plus large. Il sent qu'il lui faudrait coopérer avant tout à l'élaboration d'une nouvelle éthique collective respectueuse cette fois du pluralisme de la nouvelle société québécoise. Mais en même temps, il lui apparaît que cette tolérance ne saurait s'abstraire des impératifs du bien commun. Que, dans le domaine de l'éthique sexuelle comme dans celui de la politique linguistique ou des relations de travail, les intérêts d'une collectivité qui s'est donné un projet d'avenir doivent parfois prévaloir sur ceux des personnes qui la composent. Qu'enfin le droit de telle catégorie de ces personnes doit forcément prendre fin là où le droit de telle autre catégorie commence à s'exercer.

Les chrétiens ont certes fini de s'imposer à la société par voies et décrets juridiques. Ils ne sont pas pour autant dispensés d'apporter leur effort de réflexion personnelle et la richesse des grandes intuitions évangéliques de leurs meilleurs témoins au projet d'élaboration

Hélène Pelletier-Baillargeon   11

d'une nouvelle éthique collective qui s'impose désormais aux Québécois qui réfléchissent sans sectarisme à leur qualité de vie.

Ils ne sont pas dispensés non plus de rappeler à leurs frères dans la foi qu'une plus grande miséricorde envers « le pécheur » ne signifie pas que « le péché » ait pour autant cessé d'exister. Qu'il soit plus malaisé à identifier qu'à l'époque des anciens codes répressifs ne signifie pas surtout qu'il sera moins exigeant de le combattre lorsque nous aurons réussi à mettre à jour ses véritables racines. L'Évangile vécu n'a jamais été pour personne un itinéraire de facilité.

FOI ET SEXUALITÉ:
POUR UNE REFONTE
DE LA MORALE CLASSIQUE

G.-M. Bertrand

> *Guy-M. Bertrand, théologien intéressé à l'édu-*
> *cation morale et aux questions d'éthique sexuelle,*
> *est membre du comité de rédaction des CRE. Il a*
> *proposé déjà dans le deuxième numéro de ces*
> *Cahiers quelques réflexions intitulées* Principes
> ou postulat d'un enseignement moral.

Il y a cinq ans paraissait à Montréal, aux éditions du Paradis artificiel, une brochure intitulée *Manuel secret du parfait confesseur.* Cette brochure anonyme, illustrée de quelques innocentes caricatures, contenait la traduction française de trois opuscules écrits par des auteurs du 19e siècle sur la morale sexuelle :

La Clef d'or (ou série d'exhortations destinées à ouvrir le cœur fermé des pauvres pécheurs) par Antoine-Marie Claret, archevêque de Cuba et confesseur de Sa Majesté Isabelle d'Espagne ;

Le Traité de chasteté (à l'usage des confesseurs) par D.R. Louvel, vicaire général de l'évêché d'Évreux, supérieur du Séminaire de Sées ;

et des extraits du *Manuel secret des confesseurs,* de Mgr Bouvier, évêque du Mans et membre de la Congrégation de l'Index.

Les initiés de l'ancienne casuistique pastorale auront reconnu là des opuscules équivalents au traité classique « Sur le sixième commandement » habituellement rédigé en latin et souvent appelé, avec une concision et une consonance éloquentes, le *De Sexto.* Il s'agissait là des différents péchés sexuels que le confesseur du temps pouvait avoir à absoudre ou à ne pas absoudre.

Même pour les habitués de l'ancienne théologie morale, la lecture de ce nouveau recueil, le *Manuel secret du parfait confesseur,* ne manque pas de pittoresque. Elle pousse aussi à de profondes réflexions. On est projeté tout à coup plus de cent ans en arrière, dans cette fameuse morale sexuelle plus négative que positive. L'avis préliminaire du nouveau *Manuel,* extrait du traité de Mgr Bouvier, comporte ces lignes significatives :

> Cette lubrique matière étant terrain hasardeux, à cause de notre fragilité on ne doit l'étudier que par nécessité, avec prudence, pour fin louable et après avoir invoqué l'assistance divine. Quiconque présumant trop de ses propres forces s'y livrerait en téméraire et sans discernement, s'exposerait à des chutes presque inévitables, d'après la sentence des Livres Saints (Eccl 3, 27) : « Celui qui aime le danger y périra. » Il faut invoquer fréquemment le secours de la très Sainte Vierge, surtout au commencement des tentations qui peuvent surgir. Il faut recourir à une prière comme la suivante :
>
>> Ô Vierge très pure, par votre très sainte virginité et votre conception immaculée, purifiez mon cœur et ma chair. (p. 7)

La conception manichéenne de la sexualité, la méconnaissance à peu près totale de la grandeur et de la dignité de ce langage, le pessimisme attaché aux relations sexuelles, même conjugales, et le caractère polluant de cette matière pour le confesseur, rejoignent dans ces traités une prophylaxie spirituelle simpliste et des affirmations médicales fantaisistes sur les conséquences des abus sexuels, réels ou prétendus. On reste atterré de reprendre contact avec cette morale que nous avons pourtant vécue dans le passé. Par ailleurs, l'effet de ce recueil est indéniable : même sans grivoiserie on peut rire à chaque page.

Quel était l'éditeur qui jetait tout à coup cet étrange opuscule sur les tables de nos libraires ? — Un vieux professeur de morale revenu à une phase d'espièglerie ? — Un laïc spécialisé en sciences religieuses et désireux de faire partager ses découvertes historiques ? — Un prêtre laïcisé décidé à accélérer la réforme de la théologie morale dans L'Église ? — Seul un numéro de téléphone placé au début du volume pouvait donner quelque indication.

De toute façon l'auteur de cette brochure avait procédé sobrement, ne se permettant même pas d'exploiter les pages déjà assez éloquentes qu'il remettait devant le public. Les quelques lignes de son introduction livraient les motifs valables de cette publication : que le Québec opère une certaine révision de vie et de mentalité

Pour une refonte de la morale classique

après être entré bon gré mal gré dans la révolution sexuelle. Sans aller aussi loin que lui dans sa condamnation, il nous faut bien admettre une partie de ses griefs :

> Les textes réunis ici sous le titre de *Manuel secret du parfait confesseur* (ou *Ce que tout pauvre pécheur devrait savoir*) proviennent de trois ouvrages différents, soient : *Le Manuel secret des confesseurs*, le *Traité de la chasteté* et *La Clef d'Or*. Ces manuels étaient destinés aux séminaristes afin de les préparer à écouter les secrets les plus intimes du confessionnal, à les juger et à les punir. C'est-à-dire que ces livres étaient à l'abri des yeux du grand public.
>
> La présente édition vise à mettre à jour ces perles, dont l'importance historique et sociale est indiscutable. Ainsi le lecteur peut se rendre compte d'une façon de voir le monde pour le moins bizarre, et constater jusqu'où peut aller la bêtise organisée. Il faut dire que ces textes qui constituent l'ensemble de ce volume furent écrits avant 1850. On ne les retrouve plus aux programmes d'études des séminaires. Mais, il y a une génération, les prêtres envisageaient encore la sexualité de cette façon, ici au Québec. Si on considère l'importance de l'Église au sein de la société québécoise jusqu'à ces dernières années, on peut bien imaginer les conséquences personnelles et sociales d'une philosophie aussi cloisonnée, et basée sur la négation des émotions, des pensées et des actes naturels.
>
> L'intérêt de ces textes dépasse les murs du confessionnal. Ils font partie de notre histoire collective québécoise. Ils faisaient partie intégrante des mécanismes de contrôle qui réussirent à garder l'homme québécois dans la peur et à le déposséder de sa dignité humaine. Ces textes sont extrêmement drôles à la lumière d'aujourd'hui. Leur caractère inoffensif indique un certain développement dans notre société, mais n'oublions pas qu'il fut un temps où on les prit bien trop au sérieux.
>
> L'Éd. (p. 5)

Ces trois opuscules sont loin d'être les seuls exemples de traités de ce genre. Les moralistes du 19e siècle en ont publié plusieurs, et il suffirait par exemple de relire la prière que saint Alphonse de Liguori a placée en tête de son propre traité *De Sexto* pour voir comment ce moraliste réputé pouvait partager quand même lui aussi les inconvénients de la « morale classique ».

La « morale classique », qu'est-ce à dire ?

Ce que nous appelons ici la « morale classique » de l'Église en matière sexuelle couvre les traités des trois derniers siècles publiés à l'intérieur des *Summæ Theologiæ Moralis* ou à part ; mais nos réflexions porteront surtout sur la dernière période, celle de 1850 à 1950 durant laquelle ont été produits les manuels qui étaient encore au programme dans les séminaires et les scolasticats il y a 25 ans. Parmi eux, beaucoup de moralistes de la première moitié du 20e siècle qui avaient une compétence réelle, mais qui devaient écrire à une époque plus fermée que la nôtre. Il suffit de prononcer leurs noms pour provoquer aujourd'hui chez bien des prêtres une réaction d'étonnement, d'amusement ou d'ironie : Noldin, Vermeersch, Aetyns-Damen, Tanquerey, etc., et enfin ce cher Merkelbach, moraliste de grande classe, qui a eu la mauvaise fortune d'être réédité chez nous pendant la guerre et de représenter pour les dernières générations de nos clercs cette fameuse morale classique qu'ils désavouent maintenant avec honte ou horreur, en jetant souvent le bébé avec l'eau du bain. Voulant bien marquer le genre d'estime qu'il avait pour Merkelbach, un confrère missionnaire à l'humour féroce nous affirmait qu'en Haïti il se servait des trois gros volumes presque tous les jours... « pour *jacker sa jeep* ».

Bien sûr ces moralistes ont été relayés par d'autres dans l'Église, de Häring à Oraison : on a voulu s'adapter aux bouleversements culturels que nous traversions. Plusieurs ouvrages ont été écrits pour tâcher de faire passer dans notre morale les acquis de la psychologie, de la sexologie et des autres sciences humaines, et pour tenir compte aussi des questions très sérieuses que la philosophie moderne posait sur cette réalité. La sexualité est vue maintenant de façon plus positive, et la morale sexuelle s'en ressent.

Mais nous sommes encore loin d'avoir refait notre synthèse, surtout au plan chrétien. — Oui ou non, la foi a-t-elle encore quelque chose à nous dire sur la sexualité ? — Les jeunes gens et les adultes peuvent-ils chez nous s'inspirer d'une tradition ou d'un consensus en matière de morale sexuelle ? — Devons-nous tout simplement démissionner en face de cette marée de pornographie et d'hédonisme qui déferle sur nous ? — Il faudra bien à un moment donné que nous puissions formuler, pour nous et pour ceux qui veulent nous entendre, ce qu'un chrétien peut penser de ces réalités et comment il doit établir son système de valeurs en ce domaine qui couvre et colore à peu près toute l'échelle de l'activité humaine, y compris nos relations avec Dieu.

La tendance actuelle est souvent de faire tout simplement abstraction de la morale « classique », qui représente pour plusieurs une

Pour une refonte de la morale classique

période de rigorisme et d'obscurantisme. On est convaincu de son échec, et ses fausses prémisses nous semblent dévoilées : mauvaise exégèse biblique, méconnaissance des données élémentaires de la sexualité, préoccupations spirituelles biaisées, dogmatisme aveugle administré par un groupe de célibataires, etc. On veut oublier tout cela pour recommencer à zéro, s'interroger tout bonnement sur la sexualité telle qu'elle nous est maintenant révélée par les sciences médicales et humaines, refaire si possible le pont avec la Bible en fonction d'une exégèse nouvelle, etc.

Pourtant, la solution n'est pas si simple, et il nous faudra bien régler d'abord son compte à la morale classique ; car il y a une continuité dans le magistère de l'Église, et cette continuité se fait sentir jusque dans les derniers documents émis par Rome sur l'éthique sexuelle. D'autre part, si nous avons subi pendant si longtemps une morale inadéquate, comment nous en libérer sans procéder d'abord à une analyse, et comment rétablir nos voies sans avoir compris ce qui nous est arrivé ?

Il faudrait donc esquisser ici d'abord une brève critique de la morale antérieure et suggérer ensuite quelques jalons pour le rétablissement de ce que l'on pourrait appeler une « nouvelle » morale. Nouvelle, non pas en ce sens qu'elle nierait les fondements de l'ancienne, mais en ce sens que, après un exercice de lucidité psychologique et scientifique, elle tenterait de ressaisir les données essentielles de la nature et de la foi. On pourrait comprendre ensuite pourquoi la morale classique a pu s'enliser dans un négativisme parfois inhumain et antibiblique, et pourquoi nous sommes aujourd'hui en meilleure position pour renouer les liens avec la nature humaine et avec la morale évangélique.

Les antécédents de la morale classique

L'attitude de l'Église latine sur cette question remonte loin comme on sait ; mais elle s'explique par des facteurs nombreux et complexes que l'on a souvent résumés de façon inexacte.

D'abord peut-être des contaminations philosophiques : influence du néoplatonisme et du stoïcisme, d'une part, qui ont pu pousser la pensée chrétienne des premiers siècles vers une conception plutôt idéaliste et même angélique de l'homme ; influence des doctrines manichéennes et gnostiques d'autre part, qui par leur dualisme moral accentuaient la malice humaine et poussaient l'anthropologie vers un pessimisme néfaste. Réactions sociologiques ensuite : L'Église primitive se trouvant formée de membres qui venaient d'une société souvent très corrompue, comme par exemple, à Corinthe, à Carthage, à Rome. Bien des convertis entraient dans l'Église après avoir failli étouffer psychologiquement et moralement dans ces mœurs dissolues. Le danger d'une réaction rigoriste ne pouvait être toujours évité.

Saint Augustin par exemple était un homme marqué par une expérience personnelle, ethnique et religieuse : sans avoir participé aux abominations fréquentes à son époque, il avait mené une vie sexuelle développée. Il s'était converti au christianisme en partant du manichéisme, dans lequel il avait persévéré près de dix ans. Cette expérience personnelle et sociale a pu teinter la théologie de ce docteur, qui apportait en plus à l'exposé de la doctrine chrétienne la ferveur du converti. Certaines de ses œuvres comme le *Sermon 51* portent l'empreinte de cet extrémisme moral qui l'amena sans doute trop loin. Sous cet aspect il représente une bonne partie de la théologie morale de son époque, et d'autres époques...

Une incompréhension marquée pour les symboles sexuels et les valeurs sexuelles persistera durant les périodes qui suivent, de la scolastique jusqu'au XIXe siècle. Mais on observe un curieux phénomène : en même temps que la morale catholique perd de vue la beauté et la grandeur du langage sexuel, la spiritualité, elle, les retrouve sans cesse avec des mystiques comme Bernard de Clairvaux, Jean de la Croix, Marie de l'Incarnation. Ainsi, dans l'Église, le fil conducteur n'est jamais perdu .

Les griefs contre la morale classique

Nous résumerons notre critique de la morale classique sous trois chefs : la dimension biblique, la dimension philosophique et la dimension scientifique.

1. La dimension biblique

Pour déterminer une morale sexuelle à l'intérieur d'une foi religieuse, il faut sans doute savoir :

1. Si le donné révélé qui fonde cette religion contient réellement là-dessus quelques chose qui complète, qui corrige, ou qui transcende la loi naturelle ; et s'il le contient clairement, de façon déterminable ;

2. Si la loi naturelle doit être interprétée à la lumière de ce donné révélé *seulement,* de façon qu'elle participe à la révélation ; et si alors les interprètes autorisés de cette loi *naturelle* ne sont que les autorités religieuses ;

3. Si la loi naturelle en matière sexuelle, dans l'hypothèse ou elle serait affranchie de la tutelle religieuse, peut être discernée par le commun des mortels ;

4. Jusqu'à quel point cette loi naturelle est une loi, c'est-à-dire une prescription ou une interdiction stable, réellement fondée sur une nature stable.

Au fond, il s'agit simplement de savoir s'il y a des tabous sexuels ou s'il n'y en a pas, et si ces tabous sont inventés par les hommes ou réellement fixés par Dieu.

Dans la morale classique, en dépit des raisons médicales et sociales assez simplistes présentées pour appuyer les interdits sexuels, on insiste d'abord sur « l'enseignement de la Révélation ». Puisqu'on est en théologie morale, il faut évidemment fonder cette thèse, comme les autres, sur le donné révélé. Mais alors commencent les embarras, et ces embarras sont souvent avoués par les moralistes eux-mêmes, au chapitre la « preuve d'Écriture sainte ». Qu'il s'agisse des articles 6 et 9 du Décalogue ou d'autres passages de l'Ancien et du Nouveau Testament touchant aux interdits sexuels, les défenses proférées par la Bible portent surtout sur la situation *d'injustice* causée par *l'adultère* avec une personne déjà engagée ou avec une personne libre mais envers laquelle on ne veut pas s'engager.

Ce ne sont donc pas surtout les actes sexuels qui sont visés, mais le bris de l'exclusivité conjugale ou de la disponibilité conjugale. C'est ainsi par exemple que le texte utilisé par Pie XI dans l'encyclique *Casti connubii* comme « preuve d'Écriture sainte » contre l'onanisme en tant que moyen anticonceptionnel (Gn 38, 1-10) a été abandonné par Paul VI dans l'encyclique *Humanæ vitæ* parce que l'exégèse actuelle voit dans la punition d'Onan une sanction du délit contre la loi du lévirat plutôt que contre l'utilisation d'un moyen anticonceptionnel.

Guy-M. Bertrand   **19**

Il y a certes d'autres fautes sexuelles qui sont aussi dénoncées par la Bible, comme la luxure ou la débauche. Mais cela est à peu près toujours fait de façon très brève, en incluant ces actes répréhensibles dans des listes de péchés qui sont énumérés rapidement : (Dt 5, 1-22 ; Mc 10,19 ; Mt 16,20 ; Jc 2, 10-13). Il devient alors difficile de préciser la gravité des *situations,* et encore plus la gravité des *actes,* bien que nous ayons sûrement là des indications qui ne peuvent être négligées.

Les moralistes de l'époque classique sont donc embarrassés lorsqu'il s'agit de présenter des textes d'Écriture sainte pour la construction de leur traité de morale sexuelle, et les fondements scripturaires leur manquent de plus en plus *à mesure qu'ils veulent préciser quels sont les actes et les modalités d'actes* défendus par la Révélation en dehors de l'injustice conjugale.

C'est pourtant jusqu'à cette extrémité qu'ils se rendent dans leurs interdits ; et lorsqu'on les voit finalement déclarer que tel acte sexuel ou telle modalité d'acte représente une faute grave « en soi », et sans légèreté de matière (*peccatum mortale ex genere suo,* ou même : *peccatum mortale ex toto genere suo),* on se demande de quel droit ils en arrivent à ces conclusions, et pourquoi ils ne préviennent pas le lecteur du fait qu'ils s'aventurent alors sur le terrain des déductions.

Dans cette perspective, l'utilisation initiale d'une « preuve d'Écriture sainte » constitue un appui faible, quoi qu'il en soit des bonnes intentions et de la sincérité incontestable de ces moralistes. Quelques-uns d'entre eux, et parmi les plus perspicaces, ont semblé se sentir mal à l'aise à l'intérieur de ce système dont ils héritaient. Il nous semble que Vermeersch et Merkelbach se retrouvent ensemble sur ce point.

De toute façon, une conclusion reste claire : le moraliste chrétien qui voudra aujourd'hui essayer de regrouper les éléments d'une conduite de foi en matière sexuelle devra reconstruire la section biblique de ce traité. Il découvrira alors qu'il n'est pas facile de justifier des tabous religieux et que finalement les interdits bibliques pourraient s'expliquer tout autant par des inconvénients « naturels ».

De plus, le moraliste chrétien qui reprendra le donné révélé à ce sujet redécouvrira dans la Bible l'aspect positif de la sexualité, malheureusement assombri par quelques siècles de commentaires ecclé-

Pour une refonte de la morale classique

siastiques, mais heureusement conservé intact dans les livres de l'Ancien et du Nouveau Testament. Comme on le constate aujourd'hui, le thème de « l'époux et l'épouse » court par toute la Bible, de la Genèse à l'Apocalypse. C'est l'union conjugale elle-même qui symbolise pour les écrivains sacrés et aussi pour les auteurs spirituels, les relations de Dieu avec l'âme, avec le peuple fidèle, avec l'Église. Les réalités sexuelles elles-mêmes sont souvent utilisées dans leur anatomie humaine et leur symbolisme érotique, comme par exemple dans le poème du *Cantique des cantiques* ou dans les objurgations du prophète Ézéchiel (vg. ch. 16). Et les écrits des mystiques font de même.

2. L'aspect philosophique

Si les bases « scripturaires » de la morale sexuelle classique sont faibles, ses bases en « loi naturelle » le sont aussi. La philosophie morale a été peu développée sur ce point au cours des siècles, et la théologie l'a annexée.

Ce que la Révélation nous donne au plan de la conduite chrétienne prend d'abord pour acquis les données naturelles, les constatations d'expérience sur la nature humaine, ses besoins, ses tendances, ses droits et ses devoirs. La Révélation tient en face de ce premier donné deux fonctions principales : corriger les interprétations humaines quand elles ne sont pas entièrement conformes aux vraies intentions de la « nature », et en second lieu les parfaire, les mener plus loin, en fonction des exigences spéciales de l'alliance divine avec l'homme, soit sous l'ancienne loi, soit après la venue du Christ.

Mais on remarquera que l'expression « loi naturelle », employée couramment à ce sujet dans la morale classique, peut devenir extrêmement ambiguë. D'une part, on dénonce l'incapacité radicale de l'esprit humain à arriver par lui-même et seul à des conclusions sûres en ce domaine qui pourtant lui appartient. D'autre part on réserve cette interprétation supérieure, corrective, plus éclairée, aux représentants d'un Magistère religieux, censés détenir à peu près seuls les clés de l'interprétation authentique des intentions de Dieu sur l'homme. Il arrive ainsi que nous recevons un document romain sur « certaines questions d'éthique sexuelle », dans lequel on prétend fixer des normes morales avec une autorité apparemment exclusive, alors que la plupart des rédacteurs en cause, voués au célibat, ne doivent faire usage de la sexualité sous aucune forme. Lorsqu'un évêque auxiliaire de Montréal, commentant le document romain à la radio, a affirmé qu'il appartient aux évêques de statuer de la morale conjugale, bien des auditeurs ont pu sourire.

Sans disputer à la Hiérarchie son charisme d'interprétation scripturaire et sa fonction d'arbitrage en matière de foi et de morale, il faut bien admettre que ses jugements doivent être partagés par les prêtres et par les fidèles aussi. Et cela en matière de morale plus qu'en matière de dogme puisqu'il s'agit d'un domaine où le chrétien se retrouve tous les jours, et où la loi naturelle est concernée.

Il est possible et même facile d'admettre que l'homme « ordinaire » ne peut arriver seul à une connaissance parfaite des intentions du Créateur et de la loi naturelle, et qu'il lui faut par conséquent une lumière supérieure, d'autorité, venant de la Bible. Mais il faut bien admettre aussi que la Bible ne peut être la seule source de la connaissance humaine : le Créateur lui-même a livré à l'homme d'autres moyens comme l'expérience, l'histoire, la communication entre les peuples et aussi l'investigation scientifique.

3. L'aspect scientifique

Or si on se place dans le domaine scientifique, il apparaît évident que notre connaissance de la sexualité s'est développée considérablement depuis cent ans. Les données ainsi acquises ont servi non seulement à compléter notre information sur la vie sexuelle, mais elles ont servi à la corriger grandement. Nous avons pu constater, au cours des dernières décennies, jusqu'à quel point notre évaluation de la fonction sexuelle, des relations sexuelles, des symboles sexuels, avait pu être contaminée dans le passé par les tabous issus des contraintes sociales et des erreurs anthropologiques, et par la projection de ces tabous à l'intérieur de ce que l'on pensait être le donné révélé, et à l'intérieur de la théologie morale. Nous pourrions accumuler les preuves à l'appui de cet avancé à partir de certains traités de saint Augustin, en passant par la gynécologie de saint Thomas d'Aquin jusqu'aux prescriptions du *Manuel secret des confesseurs* de Mgr Bouvier et à la censure de l'ouvrage du Dr Doms sur les fins du mariage. D'autres articles de ce cahier signalent cet aspect, en particulier celui de Guy Durand et celui de Jean-Marc Samson sur *La révolution sexuelle de demain*, reproduit dans la section « Documents ».

Il devient nécessaire, si l'on veut avoir une idée juste de la fonction sexuelle dans la vie humaine, de recueillir les informations apportées par les sciences actuelles et de s'en servir pour refaire notre « image » de la réalité. Cette nouvelle image peut amener bien des correctifs à celle qu'on trouve dans la morale classique, mais on remarque qu'elle s'accommode finalement beaucoup mieux avec l'image fournie par la Bible.

Les derniers documents pontificaux

Si les représentants d'un magistère ecclésiastique placé à Rome veulent discourir sur la réalité sexuelle et la morale sexuelle, ils devraient aussi tenir compte de cet apport pluridisciplinaire. Nous ne désirons pas réduire le charisme magistériel à une compétence reconnue démocratiquement par la base, mais nous devons rappeler que ce charisme ne peut s'exercer sans information adéquate. On s'attend à ce que les représentants du Magistère soient exempts des conceptions discutables qui s'étaient infiltrées dans la tradition chrétienne. On s'attend aussi à ce qu'ils puissent appuyer leurs exigences spéciales — non évidentes pour l'esprit humain — sur des textes bibliques assez clairs.

Or il faut bien constater que les deux documents romains de ces dernières années sur la question ne font preuve ni de l'un ni de l'autre. L'encyclique *Humanæ vitæ* et la *Déclaration sur certaines questions d'éthique sexuelle* sont largement tributaires de la morale classique ; et malgré un effort d'adaptation et de modernisation, elles restent assez loin de ce que l'on pourrait attendre de pareils documents aujourd'hui, tant en matière biblique que scientifique.

On connaît les griefs qu'on leur adresse de divers côtés, et qui justifient précisément nos efforts pour aller plus loin.

Les concepts de « nature », et de « loi naturelle » qu'ils utilisent semblent nettement déficients et se cramponnent de façon fixiste à une philosophie morale discutable. Sans nier que la nature humaine ait des composantes stables, donc des lois permanentes, et que Dieu par ailleurs puisse avoir aussi des volontés stables et permanentes, force nous est de constater qu'en face des bouleversements actuels apportés par les sciences, le Magistère romain est porté à se réfugier du côté des essences éternelles, sans tenir compte du fait que non seulement les notions mais aussi les conditions ont profondément changé.

Guy-M. Bertrand   23

Même dans la morale classique, un acte humain dont la moralité pouvait être définie « en soi » était quand même reconnu comme fortement conditionné par les circonstances de personnes, de lieu, de temps, de motivation, de moyen, etc. Ce n'est pas d'hier que nous connaissons la « morale de situation », quoi qu'en disent les modernes. Si l'on veut prendre le terme dans une acceptation juste, il représente un critère de jugement qui a toujours été à la base de la morale chrétienne.

En durcissant l'opposition entre les interprétations actuelles et la « morale en soi », les documents pontificaux nous semblent peu réalistes, et par conséquent peu recevables. Justement à propos du document romain sur l'éthique sexuelle, le P. René Simon, président de l'Association des moralistes de langue française, signalait ce danger. Nous savons bien que le Magistère est nécessaire, écrivait-il, mais pourquoi travaille-t-il lui-même à détruire sa crédibilité ?

Comme nous traitons plus loin de l'encyclique *Humanæ vitæ* (voir la section documentaire) nous prendrons ici quelques exemples dans la *Déclaration sur certaines questions d'éthique sexuelle*.

La soit-disant « masturbation »

Il est déconcertant de voir ce document romain traiter de façon aussi générale et aussi sommaire la question de la masturbation, en particulier s'il s'agit des adolescents. Comme s'il n'était pas reconnu par tous, et même par les manuels de morale classique, que nous sommes là en face d'une activité sexuelle qui peut avoir des degrés nombreux de spontanéité ou de provocation, de conscience ou d'inconscience, de responsabilité et d'irresponsabilité.

La réaction sexuelle complète ou l'orgasme, chez le jeune comme chez l'adulte, peuvent avoir des causes infiniment diversifiées, et complètement différentes au plan de l'appréciation morale. Il peut y avoir abus sexuel grave chez celui ou celle qui utilise l'orgasme solitaire de façon excessive comme une compensation ou une panacée psychologique, comme une drogue en somme.

Par contre, à l'occasion des sports, des fréquentations, des activités culturelles, des grandes joies et des émotions fortes, des perturbations psychologiques et des inquiétudes prolongées de l'adolescence, des rythmes physiologiques inévitables, l'homme et la femme, l'adolescent et l'adolescente peuvent éprouver des réactions sexuelles avancées qui ne sont que la manifestation de l'activité normale d'une fonction physique et psychologique naturelle : cela ne nuit pas nécessairement à leur santé physique, mentale et morale. Et cela, les manuels de morale ne le dégagent sans doute pas assez.

Pourquoi la morale classique semble-t-elle vouloir séparer la fonction sexuelle, toujours présente, de son activité souvent inévitable ? Et pourquoi la Déclaration romaine est-elle allée jusqu'à parler d'une façon aussi sommaire et aussi inadéquate de la masturbation comme d'une faute grave, alors qu'ici nous nous trouvons en face d'une force naturelle, omniprésente, et dont l'activité spontanée doit évidemment être appréciée en fonction des circonstances ? On nous dira qu'il s'agit là de « circonstances atténuantes » déjà prévues par la morale classique et implicitement admises par la Déclaration. Nous répondons qu'il ne s'agit pas de circonstances atténuantes mais du vrai sens de la sexualité, et que la Déclaration devrait en tenir compte.

Mais nous voulons être bien compris. Il ne s'agit pas ici de favoriser l'absence de contrôle dans l'utilisation des fonctions sexuelles, ou de mettre en doute la référence religieuse en cette matière. Il s'agit simplement d'enlever les tabous non nécessaires et de situer les choses bien en place : une fonction organique aussi importante que la fonction sexuelle ne peut être niée, pas plus dans ses activités que dans son existence.

La tâche des moralistes qui voudraient reprendre la question à la base, en ce qui regarde l'activité sexuelle individuelle, consisterait évidemment d'abord à évaluer le fonctionnement *physique et psychologique* spontané de ce système humain pour ensuite en déduire les normes *probables* en se référant aux *effets* physiques et psychologiques. D'où peut bien venir la moralité ou l'immoralité de ces actes, sinon de là ? Et pourquoi la morale classique a-t-elle poursuivi à ce point tout plaisir sexuel ou toute activité sexuelle qui ne sont pas ordonnés directement à la fécondité même lorsqu'il s'agit du fonctionnement naturel, spontané, et cyclique de ce système organique ? Le fameux *secluso periculo consensus in delectatione venerea* (« pourvu qu'il n'y ait pas danger de consentir au plaisir sexuel »), utilisé fréquemment par la morale classique, pourrait fournir matière à d'embarrassantes analyses...

Les relations des couples non mariés

Des observations semblables devraient se faire au sujet de la moralité des actes sexuels des couples non mariés. Sans accepter la formule sommaire de certains jeunes gens qui déclarent que « tout est permis quand on s'aime », on peut quand même se demander « si rien n'est permis quand on s'aime ». Est-il réaliste de penser que les jeunes d'aujourd'hui (comme les jeunes de tous les temps...) peuvent comprendre et accepter une interdiction totale de relation physique lorsqu'ils poursuivent une relation de couple ? On nous répondra peut-être que même la morale classique ne va pas jusque-là, et que l'on trouve encore dans les bons manuels des circonstances « atténuantes » pour les relations sensuelles ou sexuelles partielles des fiancés ou des jeunes qui se fréquentent... Après la lecture de ces manuels on reste aussi fort embarrassé pour indiquer à ces jeunes (ou aux adultes qui sont dans les mêmes situations) une ligne de conduite qui serait vraiment morale et chrétienne et qui par exemple pourrait leur permettre d'intégrer sainement leur dimension physique à leur relation interpersonnelle.

Si on y regarde de près, l'interdiction si sévère des actes partiels pour les couples non mariés risquait fort d'être motivée par la crainte des conséquences « totales »... y compris la naissance d'un enfant. Une bonne part des tabous religieux a pu résulter ici encore des interdits sociaux ; ce qui ne veut pas dire qu'ils étaient entièrement injustifiés, mais qu'ils ont besoin d'être analysés.

Il faudrait encore une fois reprendre la question à la base, se demander ce qu'est le langage sexuel, quels sont les mécanismes psychologiques et physiques en cause dans une relation de couple, quels sont les inconvénients physiques et psychologiques de l'usage superficiel ou avancé du registre sexuel dans ces conditions, ce qui en résulte pour la femme, ce qui en résulte pour l'homme, ce qui en résulte pour le couple. C'est heureusement ce que certains moralistes comme André Guindon essaient de faire actuellement.

Il se peut que l'on arrive en plusieurs cas à des conclusions semblables à celles de la morale classique, c'est-à-dire qu'une abstention assez rigoureuse devrait être observée ; mais peut-être pas pour les mêmes raisons. Ce qu'il y a de sûr, c'est que les gens d'aujourd'hui, et en particulier les jeunes, deviennent de plus en plus imperméables à une interdiction morale dont ils ne saisissent pas les motifs ou dont ils suspectent les intentions.

Bien des jeunes sont capables d'accepter une ascèse sexuelle dans leur comportement personnel, pour des motifs humains ou pour des motifs chrétiens. Mais aujourd'hui ils sont enclins à comprendre pour croire plutôt qu'à croire pour comprendre ; dans le domaine moral en tout cas. Cela n'exclut pas pour eux l'adhésion à une foi doctrinale, l'acceptation d'une discipline de groupe, l'agrégation à une secte, ou la soumission à un gourou. Mais leur situation actuelle de liberté psychologique et morale les rend allergiques aux interdictions non clairement motivées.

La faiblesse et la malice humaines sont présentes dans le domaine sexuel au moins autant qu'ailleurs, mais si l'on aide les jeunes à comprendre le sens de ce langage, on aura des chances d'arriver à une conduite morale plus intégrée, mieux acceptée. Et il n'est pas nécessaire pour cela d'aller jusqu'aux « analogies trinitaires » comme cela se fait dans certaines spiritualités conjugales.

L'homosexualité

En ce qui regarde l'homosexualité, l'appréciation morale est encore plus difficile. Le document romain reconnaît d'une part qu'il peut s'agir de tendance « constitutionnelle », indépendante de la volonté du sujet. Il introduit ainsi une nuance de compréhension plus large que celle de la morale classique, peu au fait des difficultés physiques, psychologiques et morales des homosexuels. Sans insister sur la gravité des délits de ce genre, le document romain n'accepte pas de « passer l'éponge » sur les relations physiques des homosexuels, et je crois pour ma part qu'il a raison. En effet, si nous nous trouvons là en face d'une tendance forte mais déviée, nous ne sommes pas obligés de conclure que l'on doit y céder. Cela ne règle sûrement pas la question pour les gens affectés de cette déviation.

Une meilleure connaissance et une meilleure reconnaissance de cette situation sexuelle pourra sans doute permettre une meilleure thérapie. Nous sommes en face d'une souffrance humaine où l'attitude morale de la victime comptera pour beaucoup.

Les vraies questions

Si nous voulions énumérer rapidement, en fonction des points touchés par ces deux documents romains, quelques questions sur lesquelles moralistes et sexologues sont invités maintenant à travailler en collaboration, nous pourrions établir la liste suivante :

1. Quel est le sens et la valeur de la sexualité conjugale en dehors de la fonction de reproduction ?

2. Quelle est la moralité réelle des moyens anticonceptionnels (mécaniques, chirurgicaux, pharmaceutiques ou physiques), employés dans les rapports conjugaux et extra-conjugaux ?

3. Quelle est la moralité réelle de la sexualité partielle pour les couples non mariés (fiancés, amis, etc.) ?

4. Quelle est la moralité réelle des activités sexuelles individuelles, spontanées ou provoquées, chez les jeunes et les adultes, chez les hommes et chez les femmes ?

5. Quel est le sens véritable de l'homosexualité relative et de l'homosexualité « complète », et quelles sont les données scientifiques sur la responsabilité des personnes qui en sont affectées ?

Bien des éléments de solutions ont été apportés jusqu'ici, mais peut-être sera-t-on d'accord pour admettre que tout n'est pas réglé... Ceci nous rappelle la nécessité de contribuer à l'édification d'une morale sexuelle positive dans laquelle les principes de base seraient d'abord très clairement et très sainement « naturels », et où les conséquences bonnes ou mauvaises des actes posés seraient d'abord honnêtement réévaluées sur les plans physique et psychologique, individuel, relationnel et social, et leurs implications morales ensuite.

Sans se payer de mots, il faudra bien rétablir le sens, la beauté, la noblesse, la délicatesse et aussi les réserves du langage sexuel. Il faudra montrer précisément que ces réserves, fondées sur une économie judicieuse des moyens et des fins, pourraient être accentuées ou appuyées par la dimension de foi en fonction de l'enseignement biblique.

Il faudra encore réévaluer clairement les avantages et les limites d'une ascèse sexuelle plus avancée, motivée par une intention religieuse comme par exemple un célibat consacré. Mais alors on devra aussi rétablir dans une plus juste perspective les obligations et les devoirs, les possibilités et les impossibilités (physiques, psychologiques et morales) d'une telle situation. Si la morale sexuelle du simple chrétien doit se nuancer, s'approfondir et s'élargir, il en sera évidem-

Pour une refonte de la morale classique

ment de même de la morale sexuelle du « célibataire pour le royaume », du prêtre, de la religieuse, etc.

Cela ne veut pas dire moins d'honnêteté et moins de prudence ; cela devrait pouvoir dire plus de compréhension et des motivations plus vraies. Cela ne devrait pas amener plus de laxisme et plus d'ambiguïté, mais cela devrait signifier moins de complexes et moins de névroses.

« Que celui qui veut comprendre comprenne... »

PROGRÈS SCIENTIFIQUE
ET ÉVOLUTION
DE LA MORALE SEXUELLE

Guy Durand

*Guy Durand est professeur de morale à la Faculté de théologie de l'Université de Montréal. Marié et père de trois enfants, il est licencié en droit et docteur en théologie. Déjà auteur d'un volume sur l'*Éthique de la rencontre sexuelle*, il vient de confier à son éditeur le manuscrit d'un nouvel ouvrage* Foi et sexualité.

Malgré les affirmations contraires, notamment de la part des religions constituées, la morale a toujours été en recherche et en évolution. Cela est aujourd'hui plus vrai que jamais. Cette évolution est consécutive à la transformation de la culture et, plus particulièrement, aux progrès des sciences et des techniques. Si jadis on était peu intéressé à scruter le processus de cette évolution de la morale, aujourd'hui on l'est grandement : non seulement par curiosité, mais surtout par souci critique et prospectif. L'homme veut comprendre et maîtriser cette évolution.

La présente étude s'inscrit dans cette perspective. Son objectif cependant reste limité : *rechercher les implications des changements scientifiques et techniques sur la morale sexuelle et familiale.* Et par « changements scientifiques et techniques », j'entends référer autant aux sciences de l'homme qu'aux sciences de la nature.

Les changements scientifiques et techniques influent parfois directement sur la morale. Le plus souvent, cependant, ils n'influencent la morale que parce qu'ils transforment la conception que l'homme se fait de lui-même. C'est ce qui justifie le plan de cette étude :

1 – changements scientifiques-techniques et conséquences d'ordre anthropologique ; 2 – implication pour la morale ; 3 – application à
la morale sexuelle et familiale. [1]

Changements scientifiques-techniques et conséquences d'ordre anthropologique

Pour les fins de cette analyse, on peut distinguer quatre grands
secteurs scientifiques, dont les découvertes ont considérablement
transformé l'homme dans sa connaissance de lui-même, dans son
comportement et dans son environnement socio-culturel : la bio-
chimie, la sexologie, la psychologie, la sociologie.

Notons d'abord quelques changements d'ordre *bio-chimique*. La
découverte du mécanisme de la fécondité (spermatozoïde, ovule,
cycle), complétée par la découverte des techniques régulatrices (calen-
drier, thermomètre, pilule anovulatoire, méthode de stérilisation)
a occasionné directement un contrôle de la fécondité et donc une
dissociation de la procréation et de la sexualité. Désormais, il n'y
a plus de lien inévitable — de l'ordre du destin — entre sexe et
enfant. Cette maîtrise de la fécondité a entraîné trois modifications
importantes d'ordre anthropologique : 1. Le contrôle des naissances,
voire la limitation des naissances est désormais rendue possible pour
chacun. La procréation n'est plus un destin, mais une responsabilité
que l'on accepte ou refuse librement. 2. Pour la première fois dans
l'histoire du monde, la liberté sexuelle est vraiment accessible :
relations sexuelles hors mariage possibles sans risques d'enfants, et
donc plus généralement sans risque aucun comme on est souvent
porté à le penser. 3. Une conséquence plus subtile à saisir, mais
plus lourde encore de répercussions, tient au changement de sens de
la sexualité. Jusqu'au milieu du XXe siècle, dans la lignée d'Aristote
et de Thomas d'Aquin, le monde occidental a considéré la sexualité
humaine comme sensiblement identique à la sexualité animale :
finalité procréatrice de la sexualité, importance pour l'espèce humaine, fonction « de luxe » pour l'individu. Aujourd'hui — et ce
n'est pas une question théorique — l'être humain est forcé de trouver
à la sexualité une signification pour l'individu et pour le couple.
Il est radicalement impossible de se référer à la procréation comme
régulateur de comportement, il faut trouver un critère d'ordre personnel : plaisir, relation à l'autre, etc.

Ces trois conséquences d'ordre anthropologique, découlant de la dissociation de la sexualité et de la procréation sont amplifiées par la découverte de méthodes abortives faciles d'accès et relativement bénignes (méthode d'aspiration, prostaglandine, etc.). La découverte de la pénicilline, qui permet de guérir pratiquement toutes les maladies vénériennes, a encore élargi le champ de la liberté sexuelle : on peut avoir des relations sexuelles hors mariage sans crainte de maladies, ou plutôt sans crainte de conséquences majeures dues aux maladies vénériennes.

Moins apparents que les changements d'ordre bio-chimique, certains changements d'ordre *sexologique* ont eu une répercussion profonde sur les gens. La création récente du terme « sexologie » et l'intérêt pour cette science sont déjà révélateurs. La sexualité humaine est devenue objet d'expérimentation — un objet comme un autre d'expérimentation. Aristote a écrit un livre intitulé « De animalibus », Masters et Johnson ont intitulé leur premier gros volume « Human Sexual Response » [2]. Indépendamment des connaissances nouvelles que l'humanité acquiert ainsi [3], ce qui intéresse la présente analyse c'est l'attitude de l'être humain face à la sexualité qui résulte de ces recherches en laboratoire. La sexologie enlève le tabou du sexe. Elle permet de guérir des anomalies sexuelles et de rétablir des fonctionnements perturbés. Mais, en même temps, elle enlève au sexe une part de son mystère et de sa densité : elle dissocie le sexe des valeurs traditionnelles comme l'amour, l'affection, la fidélité, le mariage. La sexualité pourra désormais être au service de l'érotisme, de l'amour, du couple, de la famille ; mais ce n'est plus une fatalité, un destin. Il faudra le vouloir, le justifier. Qu'on le veuille ou non, ces idées et ces attitudes font déjà partie de notre environnement, pour ne pas dire de notre univers mental.

Les progrès de la neurologie et de la chirurgie donnent à la sexologie des possibilités d'intervention extraordinaires. Pensons aux applications du traitement aux hormones sexuelles. Pensons à la chirurgie transsexuelle déjà possible.

La *psychologie* constitue sans contredit un troisième champ scientifique pertinent à la présente recherche. Nul ne peut contester, en effet, l'influence extraordinaire de Freud par exemple sur notre culture ou notre civilisation : influence directe, indirecte, et influence diffuse plus ou moins précise. Tout en confirmant que le développement psycho-affectif normal va dans le sens de l'hétéro-sexualité élective (création d'un couple hétéro-sexuel stable), la psychologie — même la plus acceptable — insiste énormément sur les étapes de ce développement : leur importance, la fragilité du processus, et donc la fréquence des déviations, remontant au plus jeune âge et marquant la personne dans ce qu'elle a de plus profond. Le développement sexuel harmonieux — tout le monde le sait aujourd'hui — n'est pas d'abord une affaire de volonté, ni de responsabilité, mais avant tout une question d'hérédité et de conditionnement éducatif. L'objectif est lui-même lié à la culture et à l'histoire. Ces idées nouvelles, et très répandues, remettent drôlement en cause le concept de « normalité » et encore plus celui de « normativité » Il est difficile aujourd'hui pour quiconque d'admettre qu'il existe un comportement normatif, un idéal objectif. Accepte-t-on en théorie l'existence de cet idéal normatif qu'on ne sait plus très bien comment l'identifier. La diffusion quasi universelle des connaissances d'ordre psychologique a entraîné une acceptation sociale de comportements sexuels variés, « autres » que l'hétéro-sexualité élective (masturbation, homosexualité, relation sexuelle hors mariage), et une remise en cause du mariage (infidélité, unions libres, divorces).

Finalement, il importe de signaler un autre secteur : *la sociologie.* Les connaissances nouvelles comptent moins ici que les résultats de la diffusion de la technique. Deux traits touchent de près l'analyse présente : l'urbanisation et les mass-media. L'urbanisation a entraîné l'anonymat des villes, la perte de l'encadrement et du tissu humain, le travail de la femme, la transformation de la cellule familiale. Les mass-media ont permis une certaine prise de la parole par tous : gens instruits ou non instruits, adultes ou jeunes. Ils permettent aussi la diffusion d'une mosaïque d'idées, de comportements, de valeurs, les plus disparates : information sur les idées et les mœurs des autres pays, information sur les groupes « marginaux » dans son propre pays. Il en résulte des conséquences d'ordre anthropologique très importantes, notamment une transformation radicale des rapports entre les humains et particulièrement des rapports hommes-femmes. En effet, le tissu des anciennes solidarités est détruit ; il n'y a plus de définisseurs de valeur, plus de jugement ou de comportement normatifs ; les rapports parents-enfants ont perdu leur mode d'autorité hiérarchique pour essayer de calquer le modèle démocratique [4] ; les relations époux-épouse s'éloignent de plus en plus du rapport supérieur-inférieur, maître-esclave, pour s'inscrire dans un rapport d'égalité, où chacun a un droit égal à son épanouissement et à sa promotion.

La science et la technique ont donc considérablement transformé l'homme : sa vision de lui-même, ses possibilités de comportement. Et le processus de transformation n'est pas tari. Au contraire, il semble même augmenter selon une progression géométrique : chaque changement entraînant de nouveaux changements. C'est le phénomène de la boule de neige qui dévale la montagne : au départ minuscule, elle grossit à mesure qu'elle descend, se fragmente sur les obstacles rencontrés et poursuit sa course en multiples parcelles qui, pour la plupart, continuent à grossir en dévalant la pente. Il ne sert à rien de rêver à un terme prochain. Il faut plutôt apprendre à vivre avec le changement.

Ces changements d'ailleurs sont moins dus à la découverte scientifique elle-même, qu'à sa commercialisation et sa mise sur le marché, lesquelles sont d'ailleurs souvent tributaires d'un progrès d'ordre technologique. Tant que la stérilisation masculine impliquait une opération compliquée, longue et souffrante, elle n'a pas posé de problème culturel, ni interpellé le moraliste. Aujourd'hui que la vasectomie ne constitue qu'une intervention bénigne — et qu'elle est même « à la mode » dans certains milieux — nul ne peut rester indifférent, le moraliste moins que quiconque. Tant que la pilule anovulatoire fut composée d'hormones animales, elle relevait strictement de l'ordre médical et, paradoxalement, servait à favoriser la fécondité, notamment chez les couples qui avaient de la difficulté à procréer. Du moment qu'on put en fabriquer à l'aide de produits synthétiques — et donc à un coût sensiblement réduit — la « pilule » a envahi le marché et transformé l'environnement socio-psychologique. Tant que la majorité des femmes travaillaient à la maison, les philosophes et théologiens pouvaient continuer de parler du rapport homme-femme en terme de dialectique maître-esclave. Maintenant qu'une grande proportion des femmes travaillent à l'extérieur du foyer, les penseurs sont forcés de rectifier leur analyse parce que, concrètement, les rapports entre les sexes sont effectivement changés. C'est ainsi que les découvertes scientifiques échappent aux savants peu de temps après leur diffusion : leur sort tombe dans le domaine public et on ne peut plus identifier qui est responsable de leur influence (ou de leur effacement, parfois). Il serait inutile — sinon illusoire — de demander aux savants et aux chercheurs, de s'autodiscipliner [5] ; ce qu'il faut, c'est « ajuster » l'attitude de chacun face aux changements anthropologiques récents, et donc travailler à une éducation en ce sens. Mais pour ce faire, il importe de penser à l'« orientation » de cette éducation. C'est toute la question de la « morale » qui est alors posée.

Implications sur la morale

Les changements d'ordre anthropologique que nous avons rappelés brièvement, imposent de reprendre de fond en comble la réflexion morale. Non pas nécessairement pour tout changer, mais pour tout vérifier. La morale retrouvera alors sa vraie vocation : non pas répétition du passé, ni garantie de l'ordre établi ; mais regard sur l'avenir, recherche des exigences de la promotion de l'homme, i.e. recherche des exigences de l'épanouissement des êtres humains concrets et de la construction d'une cité fraternelle [6]. Ce qu'il faut vérifier alors ce ne sont pas seulement les normes de comportement, mais plus fondamentalement la perspective morale elle-même et le fondement de la morale.

Face aux changements d'ordre anthropologique que le progrès des sciences et de la technologie occasionne, une révision de notre perspective morale s'impose de toute nécessité. Si jamais il en fut autrement, la morale doit redevenir de toute urgence une morale de la responsabilité. Toute morale qui voudrait imposer des comportements comme de l'extérieur (loi, autorité, peur des conséquences, etc.) est irrecevable aujourd'hui. Pour être audible, la morale doit explicitement et très clairement se présenter comme quelque chose qui relève de ma conviction, de ma liberté. Non seulement cela correspond à l'état d'esprit général, mais cela est inévitable. Jadis, par exemple, la procréation était reçue quasi comme un destin ; aujourd'hui elle ne peut plus être autre chose qu'un choix : nulle loi, nul appel à l'obéissance ne l'imposent. Elle relève et relèvera de plus en plus du choix de chacun, de la conviction personnelle. Autre exemple : le mariage était jadis quasi obligatoire, imposé par la pression sociale ; aujourd'hui, il résulte d'une décision personnelle. Dernier exemple : jadis l'anatomie fixait l'identité sexuelle d'un chacun ; demain chacun en décidera. Il ne sert à rien aux moralistes de bouder cette évolution : l'histoire ne se refait pas. Et c'est heureux. L'exercice de la responsabilité personnelle et de la liberté est aujourd'hui — enfin — rendu possible, grâce au progrès de la science et de la technique.

Dans cette même coulée iconoclaste, une autre « idole » tombe : la religion. Les requêtes de la pensée contemporaine imposent de distinguer de plus en plus et de mieux en mieux la morale de la religion. D'une part parce qu'il y a beaucoup de nos contemporains qui sont irreligieux, et qu'eux aussi ont besoin d'une morale. D'autre part parce que les gens religieux eux-mêmes ont une mentalité différente de celle de leurs ancêtres. Religion et morale sont deux affaires différentes. La première est une affaire de sacré : de lien à Dieu, aux dieux ou à un quelconque au-delà [7]. La seconde est une affaire d'hommes, une recherche de comportements optima. La religion continuera à influencer la morale de ceux qui ont une religion [8] ; mais seulement en autant que cette religion rejoindra leur conviction propre. La religion ne peut globalement cautionner une morale, ni imposer une morale à un groupe restreint.

Une dernière exigence s'impose : la distinction entre moral et légal. Cette distinction a toujours été faite par les moralistes catholiques [9], même s'ils avaient tendance en pratique à rechercher que le légal colle le plus possible à la morale, voir à la morale catholique. Le peuple, lui, a eu beaucoup plus de difficulté à faire cette distinction. Et cela se comprend. La législation influence les mentalités et les mœurs. « Les lois ont une valeur pédagogique ; elles contribuent, à leur rang, à l'éducation populaire ; elles tracent, d'une certaine façon, au regard des foules, la frontière entre le bien et le mal » [10]. Les lois peuvent être indépendantes de la morale — de la recherche morale —, cela se comprend, mais elles ne peuvent aucunement s'y identifier. Les moralistes doivent de plus en plus s'en rendre compte et en prendre acte s'ils veulent avoir audience et s'ils veulent travailler à l'éducation des peuples. D'une part, en effet, nos sociétés sont trop pluralistes pour s'accommoder d'une même morale, fût-ce une morale qui se voudrait fondée sur une base strictement humaine, humaniste. D'autre part, même les croyants, voire les chrétiens, sont de plus en plus réfractaires à faire cautionner une morale sur une loi. Ils ne veulent pas imposer leur morale aux autres, comme ils ne voudraient pas que les autres leur imposent leur morale à eux. D'où le vent de libéralisation des lois qui souffle à peu près dans tous les pays aujourd'hui. Les lois doivent délimiter le champ — le plus vaste possible, même s'il faut tracer certaines limites au nom de la survie de la civilisation et des cultures — où s'exerce la liberté de chacun.

Guy Durand   37

Toutes les réflexions qui précèdent conduisent à une même conclusion : il faut repenser le fondement de la morale, voire il faut trouver un nouveau fondement, une nouvelle base à la morale. Cette base ne peut être ni la loi, ni la religion, ni l'autorité, ni la collectivité. Bien plus — car ce premier constat peut facilement être accepté par tous — cette nouvelle base ne peut être redevable à une seule branche du savoir, elle devra plutôt ressortir d'un accord, d'une convergence de toutes les sciences. Entreprise utopique s'il en est une ; mais seule entreprise réaliste.

Jadis, le critère de la morale, notamment de la morale sexuelle et familiale, par delà la religion ou l'autorité, était la biologie et un certain « physicisme » : pas de détournement du processus procréateur, pas d'intervention physique dans le déroulement de l'acte matériel de la rencontre sexuelle. Aujourd'hui, compte tenu des progrès de la science et de la technologie, on a tendance à privilégier tel ou tel autre champ du savoir. Les uns privilégient la sociologie ; d'autres, polarisés sur la peur du complexe, optent pour la psychologie. Les slogans à la mode « tout le monle le fait, fais-le donc », et « si ça te libère, fais-le », s'inscrivent dans cette ligne, tout en la caricaturant grossièrement. D'autres enfin privilégient la technique : « si c'est possible, pourquoi ne pas le tenter ? »

Autant on a raison, semble-t-il, de critiquer le critère choisi par nos ancêtres, autant il faut avoir le courage de dénoncer aussi les choix de nos contemporains, les critères à la mode. La première raison de cette critique est la suivante. Les critères à la mode établissent un nouveau conformisme, qui contribue autant que l'ancien à l'aliénation des gens. Ainsi, par exemple, y a-t-il lieu de faire état d'un certain tabou de la virginité. En combien de milieux la virginité avant le mariage est-elle un tabou : impossible d'en parler, encore moins d'en vivre. Il faut avoir fait des expériences. On se jette sur le sexe comme sur un nouveau gadget. Société de consommation. Impossible alors d'être libre, de choisir d'avoir ou de ne pas avoir de relations sexuelles. Le nouveau comportement est imposé par le milieu, le groupe, les mass-media. Autre exemple : les familles nombreuses, est-on encore libre d'avoir ou de ne pas avoir une descendance nombreuse ?

Mais la raison la plus profonde de la dénonciation nécessaire des nouveaux critères à la mode, c'est que tout comme l'ancien critère, ces nouveaux critères impliquent une réduction de la morale à une seule de ses composantes. Les scolastiques réduisaient la morale à la biologie. Les contemporains la réduisent à la psychologie, ou à la sociologie, ou à la possibilité technique. Réduction différente, mais réduction quand même, et donc détérioration et, à la limite, destruction de la morale. La morale, en effet, doit concerner tout l'homme. C'est pourquoi, elle doit être le lieu d'intégration de toutes les sciences. Chaque science a un point de vue partiel sur l'homme. La morale doit être le point de focalisation des diverses sciences en fonction de l'agir humain global. Elle ne se bâtit pas indépendamment des sciences, mais n'est réductible à aucune en particulier. Sa base est multiforme : tenir compte des résultats de chaque science, critiquer leurs résultats — toujours partiels —, rechercher une cohérence entre eux, proposer un sens ou une orientation au développement de l'Homme.

Cette définition implique que la recherche morale est une recherche d'ordre philosophique. Le critère de la morale est un critère d'ordre anthropologique. D'où la difficulté du travail moral : son objet, ses critères, ne se laissent pas facilement saisir ; ses justifications ne sont jamais d'ordre mathématique ou « scientifique », sa compréhension demande une certaine abstraction. Travail jamais terminé, jamais complet : on n'est jamais en possession de « la » morale. Travail nécessaire cependant, sans quoi l'humanité court à sa perte. Freud insiste sur ce point dans « Malaise dans la civilisation ». [11] Concrètement, on pourrait dire de la morale qu'elle est alors la recherche de toutes les exigences de la promotion des hommes et de la construction d'une cité plus fraternelle : promotion de moi et des autres, ici et partout dans le monde, promotion à court et à long terme.

Application à la morale sexuelle et familiale

Comment joue cette nouvelle perspective morale dans le secteur de la vie sexuelle et familiale ? Comment se particularise-t-elle, se concrétise-t-elle ? Compte tenu des réflexions qui précèdent, il semble que l'on pourrait énumérer ici quelques points de repère. Le premier étant de vivre le sens de la sexualité.

Vivre le sens

Qu'est-ce que la sexualité humaine ? Qu'est-ce que la sexualité spécifiquement humaine, par opposition à la sexualité animale ? [12]

Le découvrir, c'est se donner les bases d'une morale. Car on a à vivre selon ce que l'on est. « Deviens qui tu es ». C'est ce qu'on appelle la recherche du sens.

Procédons à partir d'exemples. Qu'est-ce qu'un œil humain, précisément en tant qu'humain ? Le globe occulaire décrit par l'ophtalmologiste ? Oui, mais il est plus que cela. L'organe brun ou bleu qui soulève les commentaires des parents et visiteurs d'un nouveau-né ? Oui, mais encore autre chose. L'œil humain n'est pas seulement tissus, couleur ; il est gai ou triste, en colère ou en larme, etc. L'œil humain est idée, émotion, sentiment, intentionnalité. Qu'est-ce qu'un geste humain ? Un déplacement de muscle ? oui et non. Une manifestation d'émotion, de sentiment, d'idée, d'intentionnalité. Chaque geste est d'ailleurs porteur d'une intentionnalité diverse. Un coup de poing signifie autre chose qu'une poignée de main ; la poignée de main n'exprime pas la même chose que le baiser ; ni le baiser n'est identique à la caresse ; ni la caresse n'est identifiable à l'union charnelle. [13] On dirait que plus la chair est impliquée, plus profonde est l'intentionnalité et plus impliquée est la personne. Le geste sexuel n'est pas alors un geste comme les autres, un geste banal : il ne se réduit pas à un prurit dont on essaie de se débarrasser. Il est bien plus que cela, il est bien autre chose que cela.

Ces exemples nous permettent de découvrir ce qu'est la sexualité humaine. En procédant de manière progressive, en pratiquant une espèce de descente vers l'intériorité, on peut établir une échelle de paliers. La sexualité humaine est d'abord *détente,* décharge, réduction d'une tension sexuelle accumulée de longue date ou cultivée explicitement. Par delà la détente, elle est aussi *plaisir,* recherche de plaisir. Et le raffinement, la culture, réside pour une part dans la recherche d'érotisme. Si on la vit plus profondément, la sexualité se fait *tendresse :* affection, attachement, sentimentalité. Et enfin, la sexualité peut se faire *rencontre* de l'autre : lien, langage, engagement, don de soi et accueil de l'autre, i.e. finalement amour. Le quatrième palier n'est pas à dissocier des trois autres : c'est justement ce qui différencie l'amour de l'amitié. Mais c'est lui qui détermine la sexualité comme spécifiquement humaine. En sorte que l'on peut définir la sexualité comme force de rencontre [14], comme dynamisme d'ouverture, de communion et de créativité. Être moral consiste à *vivre le sens* de la sexualité. Non pas d'une façon éthérée, mais de manière concrète, intégrale. En sorte que la détente inhérente à l'exercice de la sexualité ne soit pas vécue comme décharge, mais comme pacification ; que le plaisir ne soit pas recherché « pour lui-même », mais comme élément de la rencontre de l'autre et comme fruit de la créativité réalisée ; que la tendresse ne soit pas visée comme recherche d'émotions, mais comme dimension de la communion à l'autre et expression de la densité d'un langage et d'un engagement.

Il resterait alors à découvrir ce qui est impliqué dans l'expression et dans la visée de la rencontre de l'autre. L'autre étant entendu non pas comme chose ou comme objet, mais comme sujet personnel et unique, comme unité (corps et esprit, intériorité et extériorité), comme relation et histoire.

On aura perçu que le critère est assez concret et complexe pour permettre de reconstruire une morale sexuelle et familiale. Et donc pour éviter de se réfugier dans les généralités. Mais on aura compris que ce critère n'a pas été inventé de toute pièce. Il ressort d'une réflexion critique et distanciée sur l'apport des diverses sciences. En effet, il ne reprend pas tel quel le résultat d'une science, encore moins essaie-t-il de synthétiser les résultats de toutes les sciences. [15] Mais il tient compte des découvertes scientifiques, laisse tomber certains éléments, retient certaines convergences, et transcende l'ensemble dans le souci de chercher une visée cohérente et unificatrice.

Regarder l'ensemble

Le critère du *sens* peut devenir le critère englobant de la recherche morale, si on sait en déceler toutes les ramifications. Cependant, il peut être utile d'en dégager l'un ou l'autre aspect plus secret, plus difficile à percevoir.

Ainsi semble-t-il essentiel à la recherche morale de regarder l'ensemble, i.e. de tenir compte du réseau dans lequel chaque geste sexuel s'inscrit. Il ne faut pas isoler le geste sexuel de l'ensemble de la personne : cela découle directement de l'analyse précédente sur le *sens*. La sexualité n'est pas une affaire de rapprochement pénis-vagin, mais une histoire interpersonnelle. Ce n'est pas tout de dire que la masturbation ne fait pas de tort physique, si elle est symptôme d'un malaise plus général et si, en habituant à vivre la sexualité de manière réflexe et impulsive, elle contribue à rendre incapable de la vivre comme rencontre de l'autre. Ce n'est pas tout de dire que les relations génitales entre adolescents procurent du plaisir, si elles les laissent déçus, isolés, « affamés ». Ce n'est pas tout de dire que la vasectomie est indiquée médicalement, si elle détériore le couple en occasionnant une perte de virilité, ou si elle entraîne des troubles immunologiques qui détériorent la santé globale. [16]

Pas plus qu'il ne faut isoler le geste sexuel de l'ensemble de la personne, il ne faut l'isoler de l'ensemble du réseau humain dans lequel il s'inscrit. Il y a des avantages réels à la « pilule » et à la stérilisation, mais quel résultat le recours généralisé à ces techniques entraîne-t-il sur la démographie, sur la pyramide d'âge ? On ne peut s'en désintéresser sous prétexte qu'on ne sera plus là quand le problème se posera. C'est beau « l'union libre » pour deux adultes consentants, autonomes financièrement et professionnellement : elle peut effectivement aider à la promotion des partenaires et à la naissance de leur amour. Mais quelles conséquences ressortent de cette pratique généralisée ou de l'éloge que les mass-media en font ? Ne contribuent-ils pas à ébranler la crédibilité du mariage de telle sorte que les jeunes se jettent sur l'union libre, sans autonomie suffisante, sans liberté, sans amour, et donc se détruisent ? Ne contribuent-ils pas à miner la société qui a besoin d'information et d'un certain ordre social pour planifier son développement et partant instaurer les conditions susceptibles d'aider à la promotion des citoyens ?

L'on pourrait parler ici d'une sorte d'écologie sexuelle. Il y a en effet un phénomène analogue à ce qui se passe dans le champ de la nature. Est-il moral de répandre du DDT sur mes terres, polluant ainsi la rivière voisine, y tuant les poissons et empêchant les pêcheurs — pêcheurs d'occasion ou pêcheurs professionnels — d'avoir leur loisir, d'exercer leur gagne-pain ? Est-ce normal de construire sur mon terrain n'importe quelle usine dont les fumées polluent l'atmosphère, causant ainsi des inconvénients aux voisins et détériorant leur santé ? La réponse est évidente. Et ce n'est pas seulement une question de politique, c'est aussi une question de morale, même si l'on n'est pas habitué de faire intervenir ces considérations en morale. Cela entraînera des modifications profondes d'attitude, mais la promotion des hommes et la construction d'une cité plus fraternelle n'est-elle pas à ce prix ? La recherche morale en matière sexuelle et familiale ne se satisfait pas de réfléchir sur le geste isolé. Elle doit tenir compte du réseau spatial et historique dans lequel le geste s'inscrit.

Ici encore, on s'aperçoit que ce deuxième repère pour la recherche morale en matière de vie sexuelle et familiale tient compte des progrès scientifiques et technologiques sans pour autant s'inféoder aux résultats d'aucune des sciences en particulier. On retrouve le sens de notre définition de la morale : lieu d'intégration de toutes les sciences. C'est la liberté de la morale, mais aussi son risque.

*　　*　　*

Vivre le sens de la sexualité, sens qui ne peut être dissocié du réseau dans lequel chaque geste sexuel s'inscrit. Tel est donc le critère essentiel que nous avons dégagé. Il nous semble que ce critère est suffisamment englobant pour permettre de réviser les normes de comportements et de bâtir une « nouvelle » morale sexuelle et familiale. Morale qui sera à la fois recevable aujourd'hui et fidèle — d'une fidélité créatrice — à la grande tradition morale de l'Occident.

Ce critère — on peut le répéter en conclusion — se présente comme fonction des progrès scientifiques et technologiques. Il n'est inféodé à aucun résultat précis de la science, mais se dégage des convergences décelées entre les résultats de plusieurs sciences. Il s'agit donc d'un critère d'ordre philosophique, sans pour autant relever d'un degré d'abstraction et d'intemporalité suspect.

On devine comment, dans cette perspective, la religion est détrônée comme critère fondamental de morale sexuelle et familiale. Cette perspective ne signifie pas pour autant l'exclusion de la religion du champ de la morale. Une lecture religieuse, une lecture chrétienne, reste possible, nécessaire même pour le croyant. Car la Parole de Dieu rejoint l'homme d'aujourd'hui dans tout ce qu'il est. Mais le rôle de la religion vis-à-vis de la morale est changé.

Guy Durand

Notes

1. L'origine de cet article fut une conférence donnée au congrès de la Société Canadienne de Théologie, en juin 1974. Je tiens à remercier quelques collègues qui m'ont aidé à mettre au point cette recherche : Maurice Boutin, Léonce Hamelin, Jean-René Milot, Jean-Claude Petit, Michel-M. Campbell.

2. W. H. Masters et V. E. Johnson, *Les réactions sexuelles*, traduit de l'américain par F. Fréhel et M. Gilbert, Paris, Laffont, 1968 (c. 1966) 383 p. Les auteurs ont étudié, mesuré en laboratoire les réactions d'environ 700 humains pendant l'acte sexuel : battements du cœur, ondes du cerveau, contractions musculaires, etc. Aristote, lui, traitait des animaux.

3. Par exemple, l'identité de l'orgasme vaginal et de l'orgasme clitoridien chez la femme.

4. Le père a abandonné la figure de « paterfamilias », pour chercher à prendre celle du « grand copain ».

5. Dans certains cas, cette demande peut être justifiée, par exemple dans le cas de la fécondation humaine « in vitro », aussi longtemps à tout le moins que l'expérimentation sur les animaux ne sera pas concluante. En d'autres cas, on peut penser à stopper la commercialisation. Mais le plus souvent il faut plutôt *prévoir* les conditions d'une bonne utilisation de la découverte, i.e. créer un contre-environnement favorable à l'humanisation. Exemple : si on peut déterminer le sexe des bébés, chacun voudra-t-il encore des filles ? La solution n'est pas d'interdire la recherche, ni, le cas échéant, la commercialisation de la découverte, mais de travailler tout de suite à la promotion de la femme, à l'égalité de l'homme et de la femme, etc., en sorte qu'il soit « intéressant » d'être femme, et de désirer mettre au monde des êtres de sexe féminin.

6. Cf. Ignace Lepp. *La morale nouvelle*, Grasset, 1969 ; Jean Fourastier, *Essai de morale prospective,* Gonthier, 1966.

7. Il n'est pas utile d'entrer dans toutes les discussions qui entourent le terme « religion ». Je m'inspire tout simplement de A. Lalande *(Vocabulaire technique et critique de la philosophie).*

8. Toutes les grandes religions s'intéressent aux comportements des humains, et donc à la morale. Cette attitude se comprend très bien parce que, en disant quelque chose sur Dieu, la religion dit, par le fait même, quelque chose sur l'homme : elle implique alors certaines perspectives morales, certains points de repère pour la morale.

9. Voir par exemple, Augustin (De ordine, LII, c4, no 12), Thomas d'Aquin (1-2, q96, a2). Récemment, l'épiscopat canadien a repris les mêmes idées dans un Mémoire au gouvernement du Canada sur la réforme du code criminel face à la contraception, en 1966 (cf. Doc. Cath. no 1483, 4 déc. 1966).

10. M. Marcotte, *L'avortement libre,* Montréal, Bellarmin, 1973, p. 92-93.

11. S. Freud, *Malaise dans la civilisation.* PUF, 1971, 117 p.

12. Voir G. Durand, *Éthique de la rencontre sexuelle,* Montréal, 2e édition, Fides 1976, 192 p.

13. Il va de soi que le sens donné aux différents gestes dépend pour une part des diverses cultures. Malgré les convergences étonnantes entre les cultures, je ne parle ici explicitement que pour l'Occident.

14. Selon l'expression mise comme titre à une très riche publication de l'Office de Catéchèse du Québec (« La force des rencontres. Homme et femme il les créa ». Montréal, Fides, 1976, document de l'élève, 80 p. et document pour l'éducateur, 90 p.).

15. S'il en était ainsi la moralité de la vie conjugale devrait changer à chaque progrès scientifique et d'autre part tout oubli d'une information scientifique la rendrait caduque.

16. Rien de plus ridicule — et de plus immoral — à cet égard que cette réflexion d'un médecin spécialiste en urologie : « Je suis un urologue et quand on commence à me parler d'immunologie, je ferme les yeux et je m'endors » (cité par M. Marcotte, « La vasectomie, cette inconnue », dans *Relations* no 378 (janv. 73), p. 17.

Guy Durand   45

LE LANGAGE SEXUEL

André Guindon

> *André Guindon est professeur de théologie morale à la Faculté de théologie de l'Université Saint-Paul à Ottawa. Il vient de rédiger un ouvrage intitulé :* The Sexual Language ; An Essay in Moral Theology *qui paraîtra sous peu aux Éditions de l'Université d'Ottawa.*

Éthique et sexualité

Malgré l'intérêt obvie, voire disproportionné, manifesté par les anciens moralistes pour « la chose sexuelle » — « l'ornière sexuelle » dénoncée par Claude Quiviger dans ces *Cahiers*[1] — la sexualité humaine n'avait encore jamais vraiment fait, jusqu'à tout récemment, l'objet d'un discours proprement éthique.

On se comportait à son égard comme nous le faisons aujourd'hui devant le phénomène UFO : dans l'ignorance et dans la crainte, généralement celle qui prend forme de honte plutôt que d'émerveillement[2]. Devant l'inexploré, que son secret même rend redoutable, l'être humain cherche à se rassurer et accepte, sans trop de conviction pourtant, les directives des autorités investies d'un savoir aux sources souvent invérifiables. Les conduites réglées par les prescriptions extérieures de ce genre n'ont pas qualité morale proprement dite puisqu'elles ne manifestent en rien le propos humain de l'agent. Elles ne « signifient » rien.

L'éruption, dans la littérature récente, du thème de la sexualité comme langage, atteste que le statut de la sexualité subit des modifications importantes. Elle devient partie intégrale du signifié humain, de ce « dire » quotidien des femmes et des hommes en quête de leur humanité. Elle se prête finalement à une réflexion éthique sérieuse, une éthique du sens [3]. Jean-Marc Samson l'a très justement signalé dans la contribution remarquable au thème du développement moral :

> À notre avis, c'est moins l'élargissement de l'éventail des techniques sexuelles qui préoccupe le monde d'aujourd'hui, que le désir de découvrir dans la gestuelle sexuelle, une voie inexplorée de communication humaine. Cela lie *Éros* et *Éthos* de liens nouveaux [4].

J'écrirais plus radicalement : Cela lie *Éros* et *Éthos*.

Ce changement assez dramatique — considérant la conversion des esprits et des mœurs qu'il commande — comporte en réalité plusieurs transformations. Il m'apparaît utile d'en signaler quelques-unes parmi celles que j'estime décisives pour une intelligence adéquate des enjeux.

Structure humaine

Une étude tant soit peu attentive des traités moraux et des documents prescriptifs concernant la sexualité démontre que, à quelques exceptions près et par delà toutes les formules grandiloquentes, la sexualité humaine y est réduite à ses dimensions corporelles ; que, selon l'expression classique du vieux *Digeste* de Justinien, « *natura omnia animalia docuit* » : que la biologie enseigne à tous ceux qui participent de la vie animale.

Cette composante corporelle, bien sûr, existe. Nous la connaissons d'ailleurs mieux que jamais, avec la primauté de son centre génital chez l'adulte, avec ses mécanismes multiformes et complexes depuis les psychiques, étudiés par Sigmund Freud et ses nombreux disciples, jusqu'aux sensoriels inventoriés par William Masters et Virginia Johnson [5], avec sa caractéristique d'instantanéité décrite dans une prose si extraordinairement belle par Henri van Lier [6], avec ses capacités procréatrices dont nous déchiffrons mieux et contrôlons toujours plus efficacement les mécanismes.

Aucun des moralistes chrétiens ne disait, non plus, que la conduite sexuelle des humains n'avait rien qui la différenciât de celles des « autres animaux ». On semblait même généralement croire qu'elle nous était plus ardue qu'à nos frères de la jungle aux comportements invariables, instinctuels et procréateurs (en quoi les

Le langage sexuel

anciens se trompaient d'ailleurs sur toute la ligne) [7]. Mais les moralistes proclamaient que l'homme (car la femme n'a guère de place dans ces réflexions « classiques ») possède des instances supérieures pour contrôler et bien ordonner ses activités sexuelles : la plupart des manualistes, à la remorque de traditions nominalistes et prescriptives, misaient sur les pouvoirs surhumains de la volonté alors que les auteurs plus spirituels, lorsqu'ils s'adressaient notamment aux célibataires « en vue du Royaume », en appelaient à l'esprit dont on devait assurer le triomphe *sur* la chair [8]. Dans tous les cas, les commandes demeuraient extérieures. Il s'agissait bien de tactiques de continence, d'une « éthique de commissaire », selon l'expression si imagée d'Arthur Koestler [9].

Rares les moralistes d'école — hormis les quelques exceptions qui, par delà les formules révérencieuses, ont saisi l'esprit de la révolution thomiste qui déclencha les anathèmes réactionnaires de 1277 sur ce point précis [10] — qui sont en mesure de comprendre les orientations de l'anthropologie sexuelle humaniste contemporaine et de s'y sentir à l'aise. Il faut *intelliger* comment, chez les humains, rien n'est à l'état de matière informe. Nous ne sommes pas construits de deux éléments séparés et séparables, l'un corporel et l'autre spirituel, soudés temporairement par je ne sais quelle force magnétique, et que nous pourrions activer alternativement, parfois le seul corporel, comme lorsque nous mangeons ou que nous « sexualisons », parfois le seul spirituel, comme lorsque nous prions ou que nous chérissons nos enfants. La pensée humaine, il est vrai, se défend mal, dans son besoin d'analyse, de cette vue postiche de l'être humain.

Il est donc essentiel de reconnaître à la sexualité humaine une structure authentiquement humaine. En plus de faire place à la composante proprement sensuelle, il faut savoir identifier correctement une composante spirituelle que je nommerai, avec Paul Ricœur et Rollo May [11], « tendresse ». De prétendre, avec certains sexologues-technocrates, que cet élément n'est pas partie intégrante de la sexualité parce que les instruments de la technocratie unidimensionnelle ne sauraient le mesurer, équivaut à ne plus apprécier la différence qui existe entre les nus d'un Modigliani et les *playmates* mensuels d'un Hugh Hefner, la poésie d'un Nelligan et les insipidités commerciales de la T.V., l'architecture d'un LeCorbusier et les barraques préfabriquées, la poterie d'un Baudin et les plâtreries saint-sulpiciennes.

André Guindon 49

Par sa dimension tendre, la sexualité humaine s'ouvre à la communication intime [12] : la présence signifiante aux autres devient possible aux êtres incorporés que nous sommes [13]. Les affections tendres suscitent chez les humains sexués un commerce aux qualités fraîches et nouvelles, les faisant communier, par delà l'instant érotique, aux valeurs dont ils vivent vraiment. Alors que la sensualité est principe de possession, la tendresse engendre la participation. Elle insère dans l'histoire humaine qui se fait. Elle forme un désir sexuel qui, par delà une satisfaction immédiate limitée et par là même toujours décevante, poursuit incessamment l'amour encore inédit.

Aussi cette absence d'accomplissement final ressentie dans chaque caresse sexuelle fait-elle naître une attente. Elle ouvre la porte à des engagements à longs termes. La communication sexuelle parle ainsi des choses à venir, d'accomplissements futurs, d'événements festifs que l'on espère, que l'on prépare et produit avec amour [14].

Dans cette perspective, le spirituel n'œuvre plus à l'élimination du charnel, comme l'a bien souligné Guy Durand, mais il fleurit en lui [15]. Dans une sexualité intégrée — celle qu'une tradition théologique riche généralement ignorée entendait signifier par le vieux mot « chasteté » — sensualité et tendresse se compénètrent et s'harmonisent de façon à rendre les esprits incorporés que nous sommes tendrement sensuels et sensuellement tendres dans nos relations interpersonnelles, dans toute expression de nous-mêmes aux autres.

L'expression sexuelle

Une des sommités contemporaines en matière de différenciation psychosexuelle, l'américain John Money de Johns Hopkins, affirme que le genre de l'enfant est établi avec l'établissement même du langage maternel [16]. Être « au féminin » ou « au masculin » et « parler » représentent, me semble-t-il, deux aspects étroitement liés d'un même processus fondamental, celui de la communication interpersonnelle. On ne parle bien de soi qu'en son existence sexuée. La mentalité contemporaine semble se mieux prêter à cette vue et, partant, devenir de plus en plus imperméable au *Cogito* cartésien, cette philosophie dans laquelle le monde francophone avait pourtant beaucoup investi.

Peut-être nous rendons-nous compte qu'ici encore la dichotomie pensée-corporalité ne résiste pas très bien au test quotidien de l'expérience humaine. Des spécialistes de l'esprit comme le philosophe

Edmond Barbotin [17] et des experts du corps comme le biologiste Ashley Montagu [18] ont illustré récemment, par la simple analyse du discours, comment la pensée humaine est synthonisée sur le corps comme un circuit sur l'autre. Les catégories les plus fondamentales dont nous nous servons pour interpréter le réel relèvent de l'ordre corporel. Comment, du reste, l'esprit s'incarnerait-il autrement dans ce monde des corps, comment s'y ajusterait-il, comment se l'approprierait-il, comment s'y sentirait-il chez lui sans cette adaptation de ses lois de pensée aux lois de l'univers matériel ? Et ses projets même les plus spirituels sont-ils « mis au monde » sans qu'ils ne « prennent corps » ?

En retour le corps lui-même accepte une animation interne et s'avère donc, comme l'écrivait déjà Hans Urs von Balthasar en 1952, « le champ expressif de l'âme » [19]. Poursuivant cette ligne de pensée, Claude Bruaire écrira plus tard que le corps relève vraiment de l'ordre du langage [20]. Nous savons comment le monde contemporain, sortant des grands idéalismes théoriques et pratiques des derniers siècles, redécouvre, avec fougue et ferveur, souvent avec excès, ces aspects négligés de notre existence incorporée. Des méthodes actives d'éducation à la mode masculine, de la kinésique à la chorégraphie, presque tous les domaines sont atteints. Le geste humain acquiert droit de parole.

Lorsque soit par le discours oral soit par la corporéité expressive nous nous expliquons sur nous-mêmes plutôt que sur « autre chose », nous parlons très précisément le langage sexuel. Comme nous nous exprimons rarement sur quoi que ce soit sans parler un peu de nous-mêmes, le language sexuel n'est qu'exceptionnellement silencieux dans le commerce humain. Par la façon dont chacun existe en son propre corps, il se dit continuellement aux autres, il dévoile son intimité, il énonce l'inexprimable.

L'agir sexuel m'apparaît donc comme une quête du moi intime cherchant la communication signifiante et tendre avec d'autres mois intimes. Notre agir sexuel donne voix à notre expérience affective et secrète de l'existence. En apprenant graduellement ce langage de la communication intime et en le parlant — l'un influençant l'autre — l'harmonie entre sensualité et tendresse s'établit en nous dans la communication confiante de soi à l'autre.

André Guindon   51

Le dialogue homme-femme

Concevoir l'agir sexuel comme langage fait bien apparaître comment notre signification sexuelle s'origine et s'articule graduellement — à l'instar de tous les autres sens dans notre vie — dans la rencontre de chaque individu avec l'altérité des autres, dans le dialogue entre des êtres sexués.

Ici encore une autre mutation majeure de la scène sexuelle contemporaine nous permet de saisir pourquoi, subitement, la sexualité humaine devient langage entre les hommes et les femmes. Je pense à l'émergence graduelle de la femme comme partenaire sexuelle adulte, celle qui est l'*autre* de plein droit. Il existe toute une littérature récente qui démontre de façon incontestable, à mon avis, que pour la première fois dans l'histoire du monde, les femmes et les hommes d'aujourd'hui commencent à avoir une transaction sexuelle d'adulte à adulte [21]. Des conditions économiques, sociales et culturelles s'instaurent lentement qui permettent enfin à l'amour du couple hétérosexuel de devenir un langage intégré à tout le reste de la vie humaine. Il suffit, pour mesurer le fossé qui nous sépare, sur ce point, de nos ancêtres, d'entendre un aussi fin observateur des mœurs de son temps que Montaigne :

> On ne se marie pas pour soi, quoi qu'on dise ; on se marie autant ou plus pour sa postérité, pour sa famille... Pourtant me plaît cette façon, qu'on le (i.e. le mariage) conduise plutôt par mains tierces que par les propres, et par le sens d'autrui que par le sien. Tout ceci, combien à l'opposite des conventions amoureuses ! Aussi est-ce une espèce d'inceste d'aller employer à ce parentage vénérable et sacré les efforts et les extravagances de la licence amoureuse, comme il me semble avoir dit ailleurs. Il faut, dit Aristote, toucher sa femme prudemment et sévèrement, de peur qu'en la chatouillant trop lascivement le plaisir la fasse sortir hors des gonds de raison... Je ne vois point de mariages qui faillent plus tôt et se troublent que ceux qui s'acheminent par la beauté et désirs amoureux... Un bon mariage, s'il en est, refuse la compagnie et conditions de l'amour... Aucune femme qui en savoure le goût, *optato quam junxit lumine tarda* (« unie selon son désir par le flambeau de l'hymen » — Catulle), ne voudrait tenir lieu de maîtresse et d'amie à son mari [22].

Je m'étonne d'ailleurs des accusations scandalisées portées par des gens « en place » (mais c'est sans doute là l'explication) contre les expressions sexuelles de cette génération. Si les excès sont inévitables dans cette découverte enthousiaste d'une « gestuelle sexuelle » nouvelle, la qualité des relations sexuelles devient incomparablement supérieure à celle qui prévalait dans la morale de survivance de nos aïeux. Il faut être impotent ou ignorant des faits pour ne pas l'admettre... ou, comme je le suggérais ci-haut, vouloir maintenir le statu quo de l'*Establishment* au prix même de la maturation sexuelle.

L'évaluation éthique

Dans le dialogue sexuel de tous les jours notre propre signification sexuelle éclôt et progressivement s'affermit. La sexualité reçoit en chacun de nous un mode d'être nouveau, une façon originale d'exister qui n'est pas donnée dans le code génétique, mais qui résulte de notre langage sexuel. C'est en quoi, du reste, elle devient œuvre morale, non de nature, mais de culture et de liberté. Le langage sexuel ne saurait être la répétition fastidieuse de leçons apprises d'avance qu'au détriment de sa propre vitalité. La sexualité n'a pas le statut de « langue morte », comme le grec ou le latin anciens, qui ne sont plus aptes qu'à exprimer le passé ou des « idées universelles ».

Soumettre les divers agissements sexuels aussi bien à une casuistique morale toute faite d'avance qu'à des descriptions de techniques érotiques, c'est adhérer à une philosophie rétrospective et mécaniste qui réduit l'homme et la femme à la somme totale de leurs archives organiques. Quelle autre forme de pensée pourrait d'ailleurs soustendre soit les *Theologiæ Moralis Summæ* des trois derniers siècles, soit le *Kâma sûtra* du IVe siècle ou toutes ses transcriptions modernes ?

Réduite aux dimensions d'une « mémoire électronique », l'humanité non seulement engendre des monstres lorsque, par erreur inexplicable, apparaissent des Shakespeares, des Oppenheimers ou des Matisses, mais elle ne sait plus saisir que la caresse sexuelle est disponible pour plusieurs significations. Cette humanité robotisée ne saurait concevoir que la caresse d'une personne peut être soit une façon de la faire s'empâter dans son être charnel en vue de se l'approprier, soit une façon de faire naître l'ouverture d'un être à un autre [23].

Je concède aux sexologues-techniciens qu'on puisse suggérer des « positions » à des couples sans imagination et à l'esprit d'invention limité, mais je refuse d'admettre qu'on leur inculque par là l'art d'aimer. Je conviens aussi avec les moralistes anciens qu'il est parfaitement légitime de procéder à des analyses abstraites de structures d'agir, mais je ne leur reconnais ni la capacité ni le droit de passer directement de ces analyses abstraites à des évaluations de conduites concrètes ni de décréter la bonté ou la malice de comportements érotiques décrits dans leur matérialité. Or lorsqu'on y regarde de près, on doit se rendre à l'évidence que sexologues-technocrates et moralistes-manualistes s'adonnent à ces exercices futiles, prouvant par là qu'ils méconnaissent radicalement la vraie nature du langage sexuel.

Ce point est capital pour l'éducation morale en matière sexuelle. Certains nouveaux maîtres s'estiment à la pointe de l'illuminisme contemporain lorsqu'ils enseignent à leurs élèves les techniques de la masturbation ou les diverses positions du coït. Ils sont même trop naïfs pour s'apercevoir qu'ils tombent dans le même panneau que leurs prédécesseurs lorsque ceux-ci classaient d'autorité les « touchers » selon les parties « honnêtes », « moins honnêtes » ou « déshonnêtes », la durée licite ou illicite du baiser, et tant d'autres niaiseries de cette nature dont les anciens manuels de morale sexuelle sont lardés. Au fond de ces deux méthodes d'enseignement on retrouve la même étroitesse d'esprit.

La question éthique la plus fondamentale que nous devons apprendre à nous poser concernant notre vie sexuelle ne devrait pas porter directement sur le « faire » et le « non faire », mais sur le « dire » : « Que *dis*-je de moi-même à telle ou telle personne lorsque je fais ceci ou cela ? » Voilà la question décisive, la seule vraiment humaine. Elle doit nous interpeller continuellement parce que nous parlons constamment le langage opulent de la sexualité : par la façon dont nous nous vêtons, dont nous nous coiffons, dont nous regardons, dont nous marchons ou dansons, par les intonations de notre voix, nos sourires, nos rires, par la qualité de notre présence aux autres aussi bien que par nos absences, par toute la gamme de nos touchers, de la simple caresse au coït. Si nous cherchions à répondre à la question fondamentale du « dire » aussi *lucidement* (ce qui peut présupposer, bien sûr, des informations et une réflexion sur le « faire ») et aussi *honnêtement* que possible, nous aurions alors un cheminement sexuel beaucoup plus authentiquement éthique que ces conduites programmées par des petites recettes préparées d'avance, recettes qui, de toute façon, sont toujours inadaptées aux situations réelles rencontrées aux diverses phases de la croissance humaine.

Le langage sexuel

D'aucuns pourront s'effrayer des « risques » d'une telle directive. Ils existent. Mais la croissance morale implique toujours des risques semblables sans quoi elle n'a tout simplement jamais lieu. Le risque de se tromper et de chuter est inhérent au projet moral et l'apprentissage d'une langue implique une longue période d'erreurs d'orthographe, de grammaire, de style. Rendu plus clairvoyant et plus habile par ses échecs et ses succès, formé progressivement par des plaisirs créateurs et averti par d'autres stériles, chacun de nous élabore, avec plus ou moins d'adresse, le langage avec lequel il écrira un poème sexuel unique, celui de son moi intime à la recherche du mystère de l'Autre.

Notes

1. Quiviger, C., « Une morale collective à inventer », dans *Cahiers de Recherche Éthique,* 1 (1976) p. 40.

2. Guindon, A., « La 'crainte honteuse' selon Thomas d'Aquin », dans *Revue Thomiste,* 69 (1969) 589-623 et « L'émerveillement », dans *Église et Théologie,* 7 (1976) 61-97.

3. Ferland, J., « Une méthodologie du sens », dans *Cahiers de Recherche Éthique,* 1 (1976), 55-63.

4. Samson, J.-M., « L'éthique, l'éducation et le développement du jugement moral », dans *Cahiers de Recherche Éthique,* 2 (1976), p. 45.

5. Masters, W. & Johnson, V. E., *Human Sexual Response,* Boston, Little, Brown and Co., 1966 ; *Human Sexual Inadequacy,* Boston, Little, Brown and Co., 1970.

6. Van Lier, H., *L'intention sexuelle,* Tournai, Casterman, 1968.

7. Wickler, W., *The Sexual Code ; the Social Behavior of Animals and Men,* Garden City, N.Y., Doubleday and Co., Inc., 1972.

8. Pour un bon exemple de cette tendance, voir : von Hildebrand, D., *Pureté et virginité,* Paris, Desclée de Brouwer, 1947.

9. Koestler, A., *The Yogi and the Commissar,* London, Jonathan Cape, 1964.

10. Chenu, M.-D., « Les passions vertueuses ; l'anthropologie de saint Thomas », dans *Revue Philosophique de Louvain,* 72 (1974) 11-18 ; Plé, A., *Vie affective et chasteté,* Paris, Les Éditions du Cerf, 1964 ; Pohier, J.-M., « La vie du désir dans la chasteté », dans *Mariage et célibat,* Paris, Les Éditions du Cerf, 1965, p. 59-66.

11. Ricœur, P., « La merveille, l'errance, l'énigme », dans *Esprit,* 28 (1960) 1665-1676 : May, R., *Amour et volonté,* Paris, Stock, 1971.

André Guindon 55

12. Greeley, A., *Sexual Intimacy*, Chicago, Thomas More Press, 1973.

13. Chirpaz, F., *Le corps*, Paris, Presses Universitaires de France, 1963.

14. Pousset, E., *Union conjugale et liberté*, Paris, Les Éditions du Cerf, 1970, p. 37-38.

15. Durand, G., *Éthique de la rencontre sexuelle*, Montréal, Fides, 1976, p. 183.

16. Money, J., « Psychosexual Differentiation », dans *Sex Research ; New Developments*, éd. par J. Money, New York, Holt Rinehart and Winston, 1965, p. 3-23.

17. Barbotin, E., *Humanité de l'homme*, Paris, Aubier, 1970.

18. Montagu, A., *Touching ; The Human Significance of the Skin*, New York, Harper and Row, 1972.

19. Urs von Balthasar, H., *Phénoménologie de la vérité*, Paris, Beauchesne, 1952, p. 49.

20. Bruaire, C., *Philosophie du corps*, Paris, Éditions du Seuil, 1968, p. 219-227.

21. Qu'on lise, par exemple, Mace, D. & Mace, V., *Marriage : East and West*, Garden City, N.Y., Doubleday and Co., Inc., 1960 ; Nelli, R., *Érotique et civilisations*, Paris, Librairie Weber, 1972 ; Richardson, H. W., *Nun, Witch, Playmate*, New York, Harper and Row, 1971 ; Thoré, L., « Langage et sexualité », dans *Sexualité humaine*, Paris, Lethielleux, 1966, p. 65-95.

22. Montaigne, M. E. de, *Essais III, 5*, dans *Oeuvres complètes*, Paris, Éditions du Seuil, 1967, p. 344-345.

23. Chirpaz, F., *Le corps...*, p. 68-69.

DÉMYTHISER ET REMYTHISER

Michel Despland

Michel Despland, professeur de Sciences religieuses à l'Université Concordia de Montréal, est membre du comité de rédaction des CRE. Il est l'auteur de Kant on History and Religion *(Mc-Gill-Queen's University Press) et d'un ouvrage sur* Le Choc des morales *(Éditions de l'Âge d'Homme, Lausanne).*

« *Je ne crois pas que l'obsession de la sexualité, si flagrante et insistante en Occident, soit à l'origine une obsession sexuelle. Il s'agit dans une grande mesure d'un transfert d'angoisse : la sexualité est une réalité qui offre un refuge idéal contre la réalité.* »

Romain GARY

Les civilisations orientales qui côtoyaient l'Israël biblique étaient toutes imprégnées de mythologies hiérogamiques : la création était issue d'un accouplement ; des accouplements sacrés, rituels parfois, faisaient appel aux forces cosmogoniques les plus profondes, aux sources de tout ordre et de toute vie, dans la nature comme dans la société. Ces mythologies valorisaient la sexualité fertile de la femme. La sexualité masculine y apparaît souvent très secondaire : elle est peut-être parfois essentielle mais elle est certainement toujours complémentaire. La religion de Jahvé rompt entièrement avec de tels mythes et l'Ancien Testament garde de nombreuses traces d'un effort systématique visant à éliminer cette symbolique religieuse. La souveraineté de Jahvé s'affirme en soulignant qu'il n'a pas besoin de partenaire. Remarquons que l'on dit qu' « il » crée à lui tout seul et non pas qu' « elle » règne toute seule. L'univers social invente aussi le type humain du patriarche. Est-ce aller trop loin que dire que la

Bible instaure ainsi une certaine image de la condition masculine et des rôles qui lui sont appropriés ? Certes la tradition biblique réaffirme tout à son long un riche symbolisme de l'époux et de l'épouse ; mais ce « dialogue » a beau durer longtemps, l'épouse n'y a jamais la parole si ce n'est pour offrir le sacrifice de louange. Sexualité et même maternité tombent sous la méfiance dirigée contre tout ce qui est cananéen. Seule la paternité (et encore une paternité spécieuse) reçoit une valeur symbolique vraiment positive.

À cet héritage les chrétiens des premiers siècles ajoutent les bourdes du docte Aristote et l'hystérie des gnostiques. Pouvons-nous risquer d'être sommaire ? Pour Augustin (qui pourtant n'avait pas l'excuse d'une inexpérience totale de l'amitié sexuelle) la sexualité n'est-elle pas une puissance démonique neutre, qui n'est pas vue sous l'angle du je (masculin ou féminin) et du toi (féminin ou masculin) ? La sexualité n'est-elle pas conçue simplement comme passion animale qui suspend l'exercice de la raison masculine, raison qui est comme l'essence même de l'humanité ? La méfiance n'est-elle pas dès lors dirigée contre la pulsion qui pousse l'homme à une recherche égoïste du plaisir (et ainsi l'avilit et l'abrutit), et cause des souffrances à la femme ? (Ajoutons que pour les théologiens — ce sont toujours des hommes qui parlent — ces souffrances des femmes sont pleinement méritées car elles sont les tentatrices des hommes). Les théologiens féministes n'ont-ils pas raison de souligner que pour des siècles de chrétienté la femme vraiment agréable à l'Époux céleste est celle qui reste vierge ? Certes pour peupler le ciel, il faut des accommodements, mais un puissant ensemble symbolique enseigne que la meilleure des mères est restée vierge ; et l'on ajoute que de bonnes mères réussissent à le devenir avec un minimum de sexualité. Des siècles d'exaltation de la maternité catholique ne me semblent rien changer au fond de l'affaire. Combien d'auteurs répétaient au siècle dernier que la supériorité morale de la femme se manifestait par son indifférence au plaisir sexuel, ou même son incapacité à cet égard ? Que de chemin parcouru depuis les Grecs, qui, sans pourtant vivre en régime matriarcal, croyaient dur comme fer que les femmes jouissaient neuf fois plus du coït que les hommes. (Ils l'affirmaient sur la foi du témoignage du vieux Tirésias qui se souvenait des deux expériences.)

Les lents et sourds ébranlements des dernières décennies ont fini par porter leurs fruits : la condition féminine a changé et les femmes elles-mêmes se chargent d'affirmer leur propre valeur. Il faut reconnaître que les églises n'ont guère été des animatrices de ce mouvement, ni même des sources d'inspiration. Aujourd'hui encore de nombreuses églises ne comprennent pas. Il devient pourtant admis que le corps de la femme a droit à l'expression. La femme voit ainsi son intelligence active et sociale reconnue. (Évidemment il faut que les deux aillent de pair : autrement la femme reste un objet de consommation pour les hommes ; certes cette consommation peut se faire sans risques ; la femme ne risque plus la grossessse et l'homme ne risque plus la culpabilité, mais il n'y a pas là que des gains, déculpabilisé le consommateur devient plus avide.) Tout cela a bel et bien jeté bas nos vieilles mythologies patriarcales, et, parmi les ruines, de nombreuses nouvelles mythologies fleurissent : louange du plaisir, retour au naturel, calme intériorité, renoncement à la raison dominatrice.

Avant d'aller plus loin, rendons tout de même justice à la tradition morale chrétienne. Si la sexualité est vécue comme réalité neutre ou démonique, s'en méfier est faire preuve de bon sens ; Augustin n'a pas su poser un juste diagnostic mais ses instincts moraux n'étaient pas nécessairement tous pervertis. La morale patriarcale a aussi été efficace : elle a enseigné aux supérieurs à prendre bon soin des inférieurs. Paternalisme certes, mais il est possible que la pire exploitation des femmes ait eu lieu durant cette période de transition où les hommes avaient cessé d'être chrétiens et les femmes n'avaient pas encore appris à se défendre. L'Église enfin a fait beaucoup pour affirmer et défendre l'égalité de la femme à presque tous les niveaux ; mais comme on était prisonniers d'une mythologie sexuelle vicieuse, des pans entiers de l'expérience humaine n'ont pas accédé aux bienfaits de l'égalité.

Les nouvelles mythologies qui sont nées de la libération sexuelle et qui la renforcent ont en général l'attrait d'une bonne nouvelle. Toute nouvelle mythologie qui a le vent en poupe a l'avantage de libérer les humains des étroitesses de l'ancienne. La libération sexuelle est donc d'abord perçue comme apportant une joie et une plénitude qui sont d'autant plus profondes que les réalités symboliques démantelées avaient été plus solides et durables et avaient imposé de fermes limites à notre humanité tant masculine que féminine.

L'expérience de notre génération c'est que ces nouvelles mythologies ne tiennent plus. Ce printemps a produit des fleurs mais non pas des arbres où les oiseaux du ciel peuvent venir se poser. Près de 80 ans après *Les Nourritures terrestres,* force nous est d'admettre que la sexualité, loin d'être remythisée, est toujours plus démystifiée. Comme le soulignait Romain Gary (« Occident, sexualité, sexologie », *Le Monde,* 22-23 juin 1975) « la banalisation de l'acte aboutit à un appauvrissement. » Le remède miracle finit par avoir, face à l'angoisse, l'efficacité d'une aspirine.

Le vrai enjeu en morale sexuelle n'est donc pas une affaire de libertés et de répressions. Il s'agit plutôt de retrouver une mythologie dans laquelle nos gestes peuvent puiser leur sens. L'embarras des chrétiens en cette matière vient évidemment du fait que leur mythologie traditionnelle est fausse. Ajoutons que nous ne pouvons pas non plus retourner en arrière : nous ne sommes plus susceptibles de reprendre simplement les jeux d'Ishtar et de Tammuz ; hommes et femmes se sont embarqués dans une aventure plus complexe.

Apprenons donc une nouvelle méfiance face à une sexualité qui redevient anonyme. Nous sourions aujourd'hui du chaste saint Ignace qui, appelant les cinq sens à la rescousse, propose des exercices de l'imagination où, tour à tour, on voit les personnes de la Trinité et la sainte Vierge, puis on les entend converser, et puis on touche et couvre de baisers, non les personnes, mais les lieux où elles ont passé. Mais sourions aussi de ces missionnaires californiens qui apaisent conflits et apportent joie et équilibre en mettant les gens nus dans de grandes baignoires chaudes et en leur apprenant à se toucher. La communauté humaine ne s'édifie pas avec de telles recettes. Le chemin qui y mène est plus exigeant. S'intéresser à la sexualité et la cultiver en soi c'est perdre de vue les personnes sexuelles. Pour communiquer il ne suffit pas d'être transparent : il y a des transparences qui ne montrent que le vide. La nudité ne révèle pas tout. Les opacités peuvent aussi communiquer. Pour trouver le secret il ne suffit pas d'éliminer le mystère.

Tant qu'ils seront libres les hommes et les femmes créeront toujours des distances, de l'un à l'autre et à l'intérieur d'eux-mêmes. Une certaine méfiance restera donc toujours d'actualité. Car la sexualité anonyme finit, faute de mythes, par ôter la parole à tous les humains. Laissons le dernier mot à R. Gary : « L'être humain ne doit être châtré ni de sa plénitude sexuelle physiologique ni de sa dimension mythologique féconde. »

Démythiser et remythiser

SEXUALITÉ HUMAINE: ENJEUX ÉTHIQUES ET POLITIQUES

Guy Bourgeault

Professeur à la Faculté de théologie de l'Université de Montréal depuis 1969, Guy Bourgeault a publié plusieurs ouvrages ou articles de revue sur divers problèmes d'éthique chrétienne. Entre autres : Dialogue et morale chrétienne, *Paris/ Montréal, Desclée/Bellarmin, 1971 ;* Le Mariage : rêve, réalité — *en collaboration, Montréal, Fides, 1975. Il est depuis 1974, membre de l'Exécutif de la Ligue des droits de l'homme.*

I

Deux textes d'Églises concernant l'éthique, tous deux publiés en 1975, retiendront au départ notre attention : (1) *La Sexualité — pour une réflexion chrétienne,* texte rédigé par un groupe d'étude à la demande du Conseil de la Fédération protestante de France (Paris, Le Centurion / Genève, Labor et Fides, 1975) ; (2) *Déclaration sur certaines questions d'éthique sexuelle* par la Sacrée Congrégation pour la Doctrine de la foi (texte français diffusé par le Vatican et publié à Montréal, chez Fides, en 1976 — le texte porte la double signature de François Seper et de Jérôme Hamer, respectivement préfet et secrétaire de la susdite Congrégation ; il a été approuvé par Paul VI le 7 novembre 1975 et rendu public le 29 décembre 1975).

1. Il y a quelques années déjà, j'entendais d'un de mes amis, catholique œuvrant dans une perspective œcuménique, la boutade sui-

vante : les protestants ne sont pas chanceux comme nous et, ne pouvant compter sur l'infaillibilité des enseignements et directives de Rome, sont condamnés à réfléchir ! Le texte rédigé par un groupe d'étude de la Fédération protestante de France porte la marque d'un vécu réfléchi ; et la réflexion qu'il propose veut susciter, comme le sous-titre du texte le donne clairement à entendre, « une réflexion chrétienne ». Le texte de la S. Congrégation romaine, pour sa part, entend *déclarer,* face à la « confusion des esprits » et au « relâchement des mœurs » et à l'encontre des « opinions erronées » et des « déviations qui en résultent » et qui « continuent de se répandre en tous lieux », ce qu'il faut penser et faire en certaines matières d'éthique sexuelle. Proposition, dans un cas ; imposition, dans l'autre.

2. Le texte de la Fédération protestante s'enracine, on le sent constamment, dans l'expérience ; dans une expérience où la réflexion et la prière ont leur part. Les études de caractère plus scientifique, spécialement d'ordre psychologique, y sont utilisées pour permettre au vécu de mieux s'exprimer. Le texte de la S. Congrégation romaine est d'une tout autre facture et d'une tout autre inspiration : le n. 1 paie dès le départ le tribut désormais obligé à « la recherche scientifique » et à ses éventuels apports, mais la suite du texte (cf. nn. 7, 8 et 9) renvoie cavalièrement hors d'un champ éthique réservé les démonstrations de la psychologie et de la sociologie tout autant que les argumentations d'ordre biologique ou philosophique dont se servent parfois certains théologiens mal pensants (cf. n. 9) ! Pourtant, des démonstrations et argumentations de semblable nature ont été utilisées dans maints textes romains pour condamner la contraception, l'avortement, etc. Quand les arguments « scientifiques » ne font pas l'affaire, on n'en tient pas compte ; quand ils plaisent, on en abuse et on leur confère une autorité démesurée [1]. C'est à se demander si, dans certain genre littéraire du moins, la fin ne justifierait pas les moyens !

3. Le texte de la Fédération protestante, enraciné dans le vécu chrétien, est en outre ouvert avec une sorte de sympathie constante aux recherches théoriques et pratiques en cours un peu partout eu égard à l'exercice de la sexualité. Et cette sympathie n'empêche pas la nécessaire distance critique ; elle ne paralyse pas la capacité d'interrogation et d'interpellation. Le texte romain, lui, porte très nettement la marque d'un mépris hautain face au vécu concret... je serais tenté de dire : du vrai monde, et d'une profonde méfiance à l'endroit de tout ce qui se vit et s'expérimente dans le monde. Tout cela sem-

ble n'être que « corruption des mœurs », « exaltation sans mesure du sexe », etc., et « cette corruption en est venue à envahir le champ de l'éducation et à infecter la mentalité générale », certains éducateurs ou moralistes « allant même jusqu'à favoriser un hédonisme licencieux » (n. 1). Il y a, du côté du monde et de l'expérience du vécu opinion erronée, déviation, arbitraire (nn. 2 et 3), ou encore « erreurs graves » et « manières d'agir aberrantes et largement répandues » (n. 6) ; ou liées à la « faiblesse innée de l'homme » consécutive au péché originel, « perte du sens de Dieu », « dépravation des mœurs engendrée par la commercialisation du vice », « licence effrénée » (n. 9), etc. C'est dans ce monde où règnent la confusion et la dépravation que la S. Congrégation romaine entend proposer et imposer la vérité et l'ordre... en exposant les « *véritables* exigences morales de l'être humain » (n. 1).

Le vocabulaire de la vérité, de l'objectivité, de l'authenticité, etc., surabonde dans ces quelques pages qui affirment le caractère absolu et immuable des normes traditionnelles en matière de morale sexuelle : la « *vraie* promotion de la dignité de l'homme » exige « *le respect de l'ordre essentiel de sa nature », de sorte que « toute évolution des mœurs et tout genre de vie doivent être maintenus dans les limites qu'imposent les principes immuables fondés sur les éléments constitutifs et les relations essentielles de toute personne humaine... »* et ces « principes fondamentaux » ont évidemment valeur éternelle, objective et universelle (n. 3) ! On admirera qu'il puisse encore se trouver, dans la confusion générale précédemment décrite, au moins un lieu d'assurance et de possession tranquille de la vérité ! Et, au milieu de tant de dépravation, tant d'assurance quant à la rectitude morale absolue de certains principes ! On retrouve ici un rapport Église/Monde qui marquait profondément, il y a quelques années, le texte sur l'évangélisation du monde préparé en vue du synode de 1974. Comme le notait alors P. Lucier, l'évangélisation apparaît dans ce texte « comme un processus à sens unique, jailli de l'Église pour aller au monde, sans que l'on enregistre le reflux de cette action sur l'Église elle-même ». Une telle vision, poursuivait P. Lucier, implique « une lecture réductrice de la culture » ; elle apparaît comme « idéologie du pouvoir clérical » (cf. « Le document romain sur l'évangélisation : analyse critique », dans *Relations* 388, décembre 1973, pp. 340-343).[2]

4. Le texte de la Fédération protestante recourt à la Bible pour y trouver une vision très large de l'homme et de sa destinée selon le

projet de Dieu : fondamentalement, « c'est la relation avec Jésus-Christ qui nous transforme, nous met en marche et nous donne une identité nouvelle » (p. 13) — et cela n'est pas sans influencer une éthique sexuelle et quant à son élaboration et quant à sa pratique par les chrétiens. Mais il serait périlleux d'y aller chercher des recettes ou des modèles... puisque « les témoins bibliques n'ont pas vécu en dehors de leur temps avec ses structures hiérarchiques », par exemple (p. 22). Le texte de la Congrégation romaine, pour sa part, recourt à la Bible comme à un recueil de « preuves ». Pis encore, à deux reprises au moins on abuse littéralement des textes et on les cite et interprète fallacieusement et malhonnêtement (le mot est fort, mais je n'en trouve pas d'autre pour désigner le mode d'utilisation des textes auquel on recourt ici sans tenir compte des acquis exégétiques même élémentaires) : c'est le cas de la citation-interprétation de 1 Co 7, 9 (n. 7), où le « brûler » de Paul est abusivement complété par « du désir sexuel » et sitôt après associé à la débauche ; c'est le cas également du recours allusif à Rm 1, 24-27 pour lier l'homosexualité à un refus de Dieu comme la conséquence à sa cause... après une exhortation à accueillir « avec compréhension » et à soutenir « dans l'espoir » les homosexuels (n. 8) !

5. Un historien de mes amis, grand croyant et qui n'a pas la réputation d'un anticlérical, me confiait un jour, à la suite de diverses recherches qui l'avaient amené à fréquenter assidûment les textes ecclésiastiques d'un peu tous les siècles : le jour où l'Église catholique décidera d'ordonner des prêtres mariés, la proclamation de l'ordonnance à cet effet commencera sûrement par les mots « Comme l'Église l'a toujours enseigné... » Dans le document de la Congrégation romaine ici analysé, la constance de l'enseignement de l'Église en matière d'éthique sexuelle est affirmée tout au long du texte avec une remarquable... constance : « l'Église a toujours transmis dans son enseignement... » (n. 4), « c'est ce que l'Église a toujours compris et enseigné... » (n. 7), « l'enseignement constant du Magistère... » (n. 8), « dans la ligne d'une tradition constante... » (n. 9), etc. Il faut décidément, pour tenir de tels propos, avoir refusé de lire l'ouvrage de J.T. Noonan, *Contraception et mariage*... et même les recensions qui en furent faites ! Pis encore, non content de confisquer toute une tradition pour étayer ses propos, le texte tire à lui l'unanimité supposée assurée du « sens moral du peuple chrétien » ou du « sens moral des fidèles » (nn. 8 et 9). L'unanimité peut toujours être obtenue par l'élimination des dissidents !

6. Le texte de la Fédération protestante fait appel — évangéliquement — à la liberté responsable. Le texte de la Congrégation romaine opte, quant à lui, pour la soumission aux normes et pour l'obéissance à l'autorité qui les édicte ou à tout le moins les affirme. Le vocabulaire est à cet égard on ne peut plus net. Ce que l'on pourrait appeler le primat de la conscience semble tout à coup reconnu, mais comme la « conscience droite » est liée à la docilité à l'enseignement de l'Église (cf. n. 11), on ne voit pas bien pourquoi, au fond, il faudrait s'embarrasser d'éventuelles hésitations de conscience [3] !

7. Il y a, en matière sexuelle, une « *saine* doctrine morale »... et donc aussi une malsaine (n. 2), comme il y a une « *vraie* promotion de la dignité de l'homme »... et donc aussi une fausse (n. 3), « des exigences *authentiques* de l'humanité » (n. 4), « des critères *objectifs*... qui respectent le sens *intégral* d'un don réciproque et d'une procréation humaine dans le contexte d'un amour *vrai* » (n. 5), un « *vrai* sens » de la fonction sexuelle et une « *rectitude* morale » de son usage « dans le mariage *légitime* » (n. 5)... tout cela lié, au fond, à un « *juste sens des valeurs* » (n. 13). L'enseignement proposé par la Congrégation romaine a toutes ces qualités qu'il s'attribue à lui-même. Les opinions divergentes ne sont que prétention (cf. n. 9) ! Ou arbitraire (cf. n. 3). Puisque seul l'arbitraire royal peut prétendre sans contradiction à l'authentique légitimité de ses édits...

8. Le texte de la Congrégation romaine cherche à réprimer les abus et surtout à combattre ce qui apparaît comme « grave désordre moral » (cf. n. 9). Au fond, pour les auteurs du texte, « l'ordre moral de la sexualité comporte pour la vie humaine des valeurs si hautes que toute violation directe de cet ordre est objectivement grave » (n. 10). Car il existe un « ordre moral objectif (qui) s'impose à tous de façon absolue » (n. 13). Tout le discours en est un de *law and order*. À cet égard, il est fortement répressif, tandis que celui du groupe d'étude de la Fédération protestante de France est nettement plus libéral.

De cette rapide analyse en notes détachées, je ne veux retenir que ceci : par son genre littéraire lui-même, par le mépris pratique qu'il manifeste à l'égard du vécu humain et de la réflexion rigoureuse, par la manipulation des textes bibliques et par tout son vocabulaire, la *déclaration* de la S. Congrégation pour la doctrine de la foi *sur certaines questions d'éthique sexuelle* montre que *le fond de la ques-*

tion a trait à l'autorité et au pouvoir bien plus qu'à l'authenticité (!) ou à la rectitude (!) des relations entre des hommes et des femmes libres parce que libérés (cf. Ga 4 et 5). Ce que la comparaison avec le texte de la Fédération protestante met plus nettement encore en lumière.

Mais il me reste à étayer et à expliciter cette affirmation à l'effet que c'est une certaine autorité et un certain pouvoir qui sont ici en cause. En même temps qu'un certain ordre à la fois économique, social, culturel et politique !

II

Certains débats provoquent dans les milieux ecclésiastiques une sorte de crispation particulièrement vive. C'est le cas, très évidemment, des débats sur les questions sexuelles et, partant, sur les femmes !

Illustrons simplement par quelques exemples cette affirmation :

1. Certaines questions ont été soustraites à la libre discussion et décision des évêques et de leurs églises respectives lors du Concile Vatican II et à l'occasion d'un synode ultérieur. Il s'agit de la moralité de la contraception ou du contrôle des naissances, du célibat obligatoire des prêtres, du mariage et du divorce.

2. De façon tout à fait semblable, le problème de l'ordination des femmes a été dès le départ retiré par Paul VI de l'agenda d'une commission formée à sa demande pour étudier la place de la femme dans l'Église. (Et faut-il noter ici le fait que la Commission compte plus de clercs que de femmes ?)

3. La législation concernant la réduction des prêtres à l'état laïc (puisque les textes officiels traduisent *reductio* par réduction plutôt que par retour !) contient une série de mesures plus ou moins vexatoires et humiliantes supposément destinées à éviter le scandale dans le peuple chrétien : aucune solennité au mariage ultérieurement contracté, interdiction d'enseigner théologie et catéchèse, etc.

4. Le Vatican est intervenu avec une véhémence peu coutumière dans les débats italiens concernant le divorce, puis l'avortement. Concordats et alliances ont alors été ébranlés.

Mais d'où vient cette crispation ou, si l'on préfère un mot peut-être plus neutre, ce malaise ? Sans doute de sources relativement diverses et hétérogènes, mais fondamentalement d'une plus ou moins consciente perception des enjeux politiques liés à l'éthique sexuelle et à sa remise en question. Une certaine éthique sexuelle est façonnée par un certain ordre social qu'elle cautionne et qu'elle sert, qu'elle préserve. Sa remise en question comporte donc des risques graves pour cet ordre éventuellement contesté. Les débats concernant l'éthique sexuelle recouvrent des luttes de pouvoir. Un certain nombre de conflits « personnalisés » l'illustrent fort bien ; il suffira d'évoquer ici « l'affaire Oraison », « le cas Pfürtner » (*Kirche und Sexualität*, 1972), « le débat Valsecchi »... et les difficultés, en France, d'un Pohier (*Vie spirituelle, Supplément*) ou d'un Ribes (*Études*). [4] Les tenants de la théologie (latino-américaine) de la libération sont soupçonnés par Rome ; ils sont parfois plus ou moins directement pris à partie dans certains documents, à cause de leurs options politiques et surtout de leur supposée ou réelle adhésion au marxisme. Mais cela passe néanmoins mieux, semble-t-il, que de fermes remises en question d'une certaine éthique sexuelle. (On s'est d'ailleurs étonné et scandalisé, à Rome et ailleurs, de la non-réception d'*Humanæ vitæ,* il y a quelques années ; mais on a accepté sans sourciller, dans les mêmes milieux, la non-réception pratique de toutes les encycliques sociales).

Il est par ailleurs significatif que, dans un cas comme dans l'autre, ce soit la divergence d'option et d'opinion ou la dissidence par rapport à Rome qui fasse problème : (a) on condamne la « réduction politique » de l'évangile et de la foi dans les discours ou les théologies qui contestent un certain ordre économique, social et politique (capitalisme libéral), mais non ceux qui le cautionnent ; on tient pour hétérodoxes les discours politiques des théologiens lorsque ces discours ne sont pas en accord avec les visées de la Secrétairerie d'État du Vatican et les pratiques de ses diplomates à travers le monde, y compris et surtout peut-être dans les pays où les masses sont davantage exploitées ; (b) on condamne la confusion et l'arbitraire des options et des discours en matière d'éthique sexuelle qui ne sont pas en accord avec l'enseignement de Rome ; on dénonce comme « corruption » et « débauche » les conduites sexuelles qui dérogent aux canons établis. Un peu comme on réprime et condamne les initiatives liturgiques qui osent transgresser les limites des quatre canons et des nouvelles rubriques sans même se soucier vraiment de la valeur et de la pertinence relative, sur le plan proprement théologique et pastoral, des normes édictées et des initiatives qui les contredisent. C'est la contradiction elle-même ou la divergence ou la dissidence qui n'est pas tolérable.

III

Il y a autre chose encore. Et plus grave, à mon sens. Les deux textes analysés plus haut, avec les deux cohérences éthiques qu'ils expriment et représentent, jouent chacun à sa façon un rôle idéologique répressif. Ce que je voudrais expliciter sommairement dans les paragraphes qui suivent.

1. *Dans le cas du texte romain* (la *Déclaration sur certaines questions d'éthique sexuelle*), on dresse l'épouvantail d'un monde corrompu et perverti, marqué par « un hédonisme licencieux ». Voilà ce qu'il faut à tout prix éviter. Au prix d'une ascèse vigoureuse qui permette de dominer les passions (n. 9) ; au prix d'une soumission entière et sans réserve aux enseignements du magistère ecclésiastique (nn. 11 et 13) — au prix d'une reddition inconditionnée, serais-je tenté de dire, à la Congrégation romaine responsable du texte. Mais est-ce là le vrai (? !) danger ? La misère sexuelle n'est-elle pas plus réelle pour un plus grand nombre d'hommes et de femmes que l' « hédonisme licencieux » que l'on tient à dénoncer ? Il faudrait citer ici les témoignages recueillis par Roger-Pol Droit et A. Gallien dans leur livre *La Réalité sexuelle* (Paris, Laffont, 1972) : la réalité sexuelle telle que vécue par la majorité n'est pas « hédonisme licencieux », mais bien privation et misère pour les travailleurs immigrés et leurs épouses condamnés à vivre dans la séparation presque constante, pour les couples mangés par le travail et ses horaires inhumains, pour les malades, les prisonniers, les vieillards... et pour tous ceux et toutes celles qui ploient sous le fardeau trop lourd d'une morale dont ils croient devoir suivre scrupuleusement les dictats ! L' « ennemi » est donc moins, pour le grand nombre, l' «hédonisme licencieux », qui fut d'ailleurs toujours réservé aux « élites », que l'exploitation économique qui crée un ordre social et politique oppresseur, et la répression idéologique qui cautionne cet ordre et le confirme.

2. *Dans le cas du texte protestant* (la *réflexion* d'un groupe d'étude de la Fédération protestante de France), la répression idéologique s'exerce selon les règles d'un jeu plus subtil que Reimut Reiche (*Sexualité et lutte des classes,* Paris, Maspero, 1971/1974) a analysées. Il s'agit, pour gagner la partie, de donner l'illusion de la liberté — dans les meilleurs cas, comme dans celui qui nous occupe ici, de la liberté responsable — et de renvoyer à la conscience individuelle des interrogations et des enjeux éthiques qui ont pourtant des enjeux proprement politiques, i.e. mettant en cause l'aménagement de la vie collective. L'idéologie de la liberté responsable prônée par le groupe d'étude de la Fédération protestante est, au fond, une idéologie libérale très classique et très conservatrice. Elle entretient l'illusion de la liberté et démobilise par là même à l'avance les éventuels militants contestataires ou révolutionnaires ; elle empêche que l'ordre économique, social et politique existant soit mis en cause. Mais il est bien évident que l'exercice réel concret de la liberté responsable n'est pas possible pour la majorité des hommes et des femmes qui, oserai-je dire, n'en ont pas le « loisir » [5] ! Cela n'est pas touché. Pas même effleuré.

3. Ces perspectives, pourtant, ne sont pas neuves. Comment se fait-il qu'elles aient si peu influencé la conscience morale des chrétiens et surtout les discours officiels des Églises ? Je pense ici, notamment, aux ouvrages (inspirés de Freud) d'un Wilhelm Reich (*La Révolution sexuelle,* Paris, 1936/1968 et *L'Irruption de la morale sexuelle,* Paris, Payot, 1932/1972 — présentation de l'ensemble de l'œuvre par Constantin Sinelnikoff, Paris, Maspero, 1970) ou d'un Herbert Marcuse (*Éros et civilisation,* Paris, Éd. de Minuit, 1955/1963 ; *L'Homme unidimensionnel,* Paris, Éd. de Minuit, 1964/1968), dont les moralistes chrétiens et surtout catholiques n'ont pas vraiment tiré ce qu'il aurait été important d'en tirer. Une certaine morale sexuelle, celle qui a été massivement véhiculée par les catéchismes et les sermons, a refoulé et réprimé le(s) désir(s) ; elle a été inculquée dès leur jeune enfance aux Américains comme aux Européens qu'elle préparait aux frustrations d'un monde du travail inhumain, des ségrégations aux formes les plus diverses, d'une sujétion toute passive à l'autorité de l'État (ou de l'Église)... et surtout à leur très pacifique et résignée acceptation.

4. Ce qui est peut-être plus neuf, et que le mouvement féministe a mis en lumière au cours des dernières années, c'est l'asser-

vissement pratique et quotidien auquel une certaine morale (sexuelle) a condamné les femmes dans tout l'Occident et peut-être partout dans le monde. Les tentatives d'un A. Feuillet pour protéger la Bible du verdict du mouvement féministe (« La dignité et le rôle de la femme », dans *New Testament Studies* 21, 1975, 157-191 — critique par Élisabeth Fiorenza dans *Concilium* 111, janvier 1976, 14 ss.) ne sont guère plus heureuses que les éloges de la sublimité féminine faits par Paul VI (discours à la Société italienne de gynécologie et d'obstétrique, en date du 29 octobre 1966, ou allocution au Congrès des juristes italiens, le 7 décembre 1974). Ni les unes ni les autres ne réussissent à faire oublier la réalité d'une histoire faite et écrite selon « la loi du mâle », dans les Églises comme hors d'elles, comme Jean-Marie Aubert, par exemple et après bien d'autres, vient de le mettre en lumière (*La Femme : antiféminisme et christianisme,* Paris, Éd. du Cerf/Desclée, 1975). L'androcentrisme de la tradition chrétienne est manifeste, et de grands noms comme Augustin et Thomas d'Aquin en sont d'illustres manifestations (cf. Kari Élisabeth Börresen, « Fondements anthropologiques de la relation entre l'homme et la femme dans la théologie classique », dans *Concilium* 111, janvier 1976, 27 ss.) ; il suffit d'ailleurs de prendre conscience d'un fait bien simple et familier : les saintes sont les femmes auxquelles on s'intéresse et elles sont le plus souvent vierges, parfois veuves, plus rarement mariées... mais toujours qualifiées par rapport à l'homme (*Ibid.,* p. 36) !

5. Cet aspect de la morale sexuelle de tradition chrétienne et plus spécifiquement catholique peut-être n'a guère été analysé dans sa dimension proprement politique. Rosemary Ruether l'a fait, au cours des dernières années, dans des ouvrages importants (cf. entre autres publications *Liberation Theology,* New York, Paulist Press, 1972 ; *New Woman, New Earth,* Seabury Press, 1975) ; elle a bien mis en lumière comment cette morale a contribué à asseoir la domination du père dans la famille, du prêtre dans l'Église et du roi dans la société civile (cf. « Les femmes et le sacerdoce », dans *Concilium* 111, janvier 1976, pp. 41-50). C'est pourquoi la femme ne peut, dans cette perspective, que prendre rang parmi les laïcs ou les « simples fidèles ». « Cette symbolisation d'un principe auxiliaire, passif et réceptif « féminin » hiérarchiquement soumis à un principe actif « masculin » est la clef du cléricalisme comme la neutralisation des laïcs », conclut Rosemary Ruether (*Ibid.,* p. 48). Et, par une sorte de jeu de boomerang, cette symbolisation qui réserve les choses importantes aux hommes et abandonne les choses secondaires aux femmes, qui

réserve le monde du travail à l'homme et qui fait de la femme « la reine du foyer » (!), dans le contexte d'une société massivement sécularisée, associe le clergé mâle à des tâches et à des rôles proprement féminins : le clergé « endort celui qui est impuissant dans le secteur consommateur de la société » et « l'Église dans son ensemble joue un rôle 'féminin' face à un ordre public profane 'masculin' » (*Ibid.*, p. 49 ; explications dans une interview accordée à la revue *Chrysalis*, en octobre 1975, et récemment traduite en français pour le bénéfice des membres du Réseau québécois des Politisés chrétiens).

* * *

En somme, une certaine morale sexuelle — qui n'a d' « éthique » que le nom qu'elle se donne pour se rajeunir ! — évite les questionnements et les enjeux politiques qu'une véritable éthique sexuelle ne saurait esquiver. Elle évite ainsi les luttes et les risques... et la vie ! Surtout, elle confirme un certain ordre économique, social et politique foncièrement injuste et oppresseur pour le grand nombre. Et elle marginalise un évangile, une foi et une Église qui ont pourtant, en vertu de leur être propre et de leur réalité ou de leur mission essentielle, dimension et fonction prophétique pour le salut — si le mot « libération » fait peur — réel et concret du monde réel et concret...

Notes

1. Voir, au sujet du débat sur l'avortement, l'étude de divers textes pontificaux ou d'épiscopats nationaux faite par Michel Dussault : « Science ou rhétorique ? » — dans *La polémique québécoise autour de la question de l'avortement et l'affaire Morgentaler,* Montréal, Éd. Aquila, 1976, pp. 145-161.

2. Voir aussi, du même auteur : « La crise des valeurs au Québec : une problématique à établir », dans *Relations* 413 (mars 1976), 70-74. L'A. y analyse une série de « dénonciations » de ce qui serait l'actuelle « crise des valeurs »... et qui est peut-être davantage crise de *telles* valeurs, crise de l'unanimité, *mutation* des valeurs et crise des institutions.

3. On retrouve ici la problématique simpliste et autoritaire qui est sous-jacente au texte des évêques canadiens sur *La formation de la conscience,* en 1973 ; j'ai déjà eu l'occasion de critiquer ce texte dans la revue *Relations* (n. 387), en novembre 1973.

4. Voir, à ce sujet, l'article de M.M. Pohier, « Les chrétiens devant les problèmes posés par la sexualité... aux chrétiens », dans *La Vie Spirituelle / Supplément* 111 (1974), 480-511.

5. J'ai déjà eu l'occasion d'aborder certains aspects de cette question à propos de l'avortement : « L'avortement : enjeux éthiques et politiques », dans *Relations* 34/392 (avril 1974), 111-115 — repris avec compléments dans *La polémique québécoise autour de la question de l'avortement* (cf. ci-dessus, note 1), pp. 161-179 ; et à propos de la famille : « Famille et société à la lumière de l'évangile : quelques questions souvent escamotées », dans *Famille et société* (publ. de l'OCQ), Montréal, Fides, 1975, pp. 54-69 — « Quelle famille ? dans quelle société ? », dans *Relations* 400 (janvier 1975), 3-4 et 18-22 — « Quelle famille ? ou au-delà ou en deçà des problèmes ? », dans *Relations* 413 (mars 1976), 80-82.

ÉTHIQUE THÉOLOGIQUE DE LA SEXUALITÉ: JALONS

André Bédard

Marié et père de trois enfants, André Bédard est professeur à la Faculté de théologie de l'Université de Sherbrooke. Son enseignement et ses recherches sont depuis quelques années plus particulièrement orientés vers le domaine éthique. Il nous livre ici des réflexions personnelles.

1 — Constituer ou accepter une éthique sexuelle, c'est reconnaître au geste posé une signification reliée à un choix personnel (liberté et dans le choix de poser ou non le geste, et dans le choix d'une « signification » donnée de fait). C'est affirmer qu'il existe une sexualité « humaine » et « personnalisée » qui fait partie du visage que l'homme peut donner à sa vie — en quoi consiste la liberté.

2 — C'est accepter, par suite, que cet ensemble nommé sexualité soit l'objet d'un choix et porte une signification (soit subjective dans mon intention ou sa réalisation, soit objective, c.-à-d. concernant la sexualité en elle-même). Est entendu ici par sexualité, le fait pour un individu, d'être masculin ou féminin non seulement par nécessité biologique mais par choix de construire son être homme ou femme ; le fait aussi que l'humanité comprenne le masculin et le féminin. La sexualité ainsi conçue inclut la génitalité mais ne s'y résume pas.

La sexualité comme « valeur »

3 — La signification dont il s'agit ici représente une *valeur,* c.-à-d. ce pour quoi l'action est posée, ce en quoi une chose m'apparaît correspondre à mon aspiration à vivre, ce que je juge et « fais » bon pour moi à des degrés divers de « conscience ».

3.1 — Au niveau cognitif, la valeur ne correspond pas exclusivement à un concept. Elle peut (idéologie ou philosophie, système de valeurs) se relier aussi à un symbole, à un mythe, à une personne connue (comme « modèle » ou « héros », comme liée à mon amour d'une personne...) à l'appartenance à une collectivité...

3.2 — Comme la « valeur » accordée à une chose est relative à sa possibilité de correspondre à l'aspiration à vivre de la personne, dans un temps de son existence dans un lieu donné comme dans une époque donnée, la sexualité est susceptible de prendre une signification variable autant physique qu'intellectuelle, affective, religieuse. La personne pourra construire et exprimer son « être homme » ou son « être femme », suivant n'importe quelle dimension de son être ou suivant l'ensemble ; elle pourra inclure, dans son intention, les dimensions qu'elle veut, selon un ordre de priorité correspondant à un stade de son développement « moral » ou de sa vie.

3.3 — Ce caractère « variable » est relatif à un individu, mais aussi à des régions et des époques différentes. Par exemple dans l'union sexuelle génitale, on peut voir seulement ou d'abord la procréation, seulement ou d'abord l'unité du couple, etc. L'un des problèmes fondamentaux, en matière d'éthique sexuelle particulièrement, c'est précisément de déterminer les valeurs qui pourraient être dites « générales » et « permanentes », à l'intérieur et au-delà des variations. Il est plus facile à des individus d'une collectivité de s'entendre à un moment donné sur les aspects fondamentaux d'une éthique sociale en matière de sexualité, que de constituer une éthique sexuelle universelle, dans le temps et les lieux. Sans m'arrêter à ce problème, sauf plus loin dans une perspective « théologique », je ne nie pas la possibilité de déterminer des valeurs « permanentes ».

L'éthique sexuelle se fondera surtout sur la symbolique

4 — La conclusion première de ces affirmations, c'est que la sexualité ou le geste sexuel peut être considéré comme relevant d'une éthique, par un individu ou une collectivité, surtout dans la mesure où ils leur accordent une valeur *symbolique*. C'est-à-dire, dans la mesure où l'individu voit dans l'être homme ou l'être femme une réalité à construire par lui, suivant un choix personnel de « signification(s) », à même sa situation dans un milieu socio-culturel.

Éthique théologique de la sexualité

Deux conséquences

5 — Il s'ensuit, pour la théologie, deux conséquences immédiates.

5.1 — La première, c'est la possibilité même d'une théologie de la sexualité. Dans la mesure où l'on admet que la sexualité et le comportement sexuel incarnent des valeurs et sont symboliques, il devient possible d'y rattacher une dimension religieuse. Il devient possible, particulièrement, de voir comment Dieu peut révéler son être et ses relations avec les hommes, dans la réalité et les catégories de la sexualité ; comment aussi l'homme, dans sa réponse à cette Révélation, peut identifier et exprimer les réalités de sa foi dans son être homme et son être femme. Rien n'empêche la sexualité d'être et de devenir aussi un langage religieux, parlant de Dieu et à Dieu, parlant de l'Église et à l'Église, parlant d'une relation personnelle avec le Christ et l'exprimant pour l'individu et pour le couple.

5.2 — La seconde conséquence, reliée directement à la première, c'est que la théologie doit d'abord rechercher et proposer des *significations* de la sexualité. Toute norme comme tout comportement concret découlent d'une signification et l'expriment : ils sont donc logiquement *seconds*. Il ne s'agit pas d'abord d'interdire ou de permettre les relations sexuelles, de condamner ou de louer tel type de « mariage ». L'essentiel, c'est d'en saisir et d'en dégager d'abord la signification. Comme, en philosophie, l'ontologie enracine l'éthique et la justifie (si elle ne lui est pas assimilée), la théologie doit établir la « signification » de la sexualité avant d'en critiquer les « normes ou les institutions ». Il lui faut penser à la signification « avant » de vouloir établir et défendre des normes qui lui soient logiquement reliées et l'expriment.

Gratuité de cette dimension

6 — Notons immédiatement qu'une telle dimension « théologique » de la sexualité n'est pas plus « *absolument* » nécessaire à l'être homme, que la Révélation qu'elle veut traduire et véhiculer.

6.1 — Sans doute qu'un croyant trouvera nécessaire à l'épanouissement normal de sa foi d'inclure une symbolique religieuse dans sa sexualité ; et qu'il le fera progressivement avec l'aide de Dieu.

André Bédard   75

6.2 — Mais le don de la Révélation ne relève pas, pour l'humanité, d'une obligation de justice : il relève de la « nécessité » d'un amour. Ce don ne s'apparente pas à la nécessité absolue de justice, de donner à manger à ceux qui ont faim ; il est plutôt comme d'offrir une fleur à une personne aimée. L'être qui aime se sent « moralement » obligé d'aider l'être aimé en difficulté ; c'est dire qu'il pourrait, à un moment donné, ne pas le faire ; il ne commettrait pas là une injustice : il manifesterait un amour affaibli ou qui s'étiole.

6.3 — La Révélation c'est l'offre gratuite d'une dimension de l'existence : recevoir la Révélation, c'est accepter d'être aimé de ce Dieu-là, et de vivre en relation avec Lui, même si l'on pourrait être heureux et épanoui humainement sans accepter le *Dieu de Jésus-Christ*.

6.4 — Il ne s'agit pas, dans la Révélation dont je parle, d'accepter un « être supérieur » nommé Dieu. Que Dieu se soit fait homme, se révélant et nous communiquant une plénitude de vie en Jésus-Christ, à la mesure de notre relation personnelle à Jésus-Christ : c'est cela la Révélation. C'est une telle Révélation qui n'est pas le fruit de la justice, mais de l'amour. Un tel don n'est pas « absolument nécessaire » à l'humanité dans l'ordre de la justice : il en est d'autant plus précieux.

Symbolique marquée dans la Bible

7 — Les dimensions offertes par la théologie de la sexualité explicitent seulement les dimensions d'une telle Révélation. L'on doit y voir fondamentalement la possibilité offerte gratuitement à la sexualité vécue de traduire les relations établies en Jésus-Christ entre Dieu et les hommes.

7.1 — L'exemple le plus clair d'une partie de cette affirmation se trouve dans un message adressé par Dieu au prophète Osée (Os 1/2-3). Il lui est demandé de symboliser dans un mariage « adultère », l'adultère que commet Israël. Non seulement la relation de Dieu avec Israël est-elle symbolisée par le mariage, utilise-t-elle des catégories ou le vocabulaire de la sexualité. Bien plus, la sexualité vécue par un homme (Osée) doit parler de Dieu, et de leur relation avec lui, aux autres hommes. Le comportement sexuel véhicule et exprime une parole de Révélation : il lui est offert de prendre une

Éthique théologique de la sexualité

signification « religieuse ». Saint Paul manifestera qu'une telle situation convient à tout mariage « chrétien », puisqu'il y voit le symbole des relations même du Christ avec l'Église (Éphésiens 5/32).

Possibilité d'une « sacramentalisation »

8 — La théologie de la sexualité précise donc avant tout l'offre d'une *sacramentalisation* du comportement sexuel.

8.1 — Nous disons qu'il y a sacramentalisation quand une valeur « symbolique » peut être mise en relation explicitement avec la Révélation comme telle, dans sa totalité ou selon l'un de ses aspects et, avec des paroles de l'Écriture qui l'explicitent. Cela signifie qu'une valeur « *dit* » explicitement, par suite d'un choix personnel, la relation et ma relation à Dieu. À cette valeur de signification s'ajoute, due à la mort et à la résurrection de Jésus-Christ, la plénitude de vie venue grâce à la Révélation. La sacramentalisation se réalise quand s'établit, par l'intermédiaire d'une réalité humaine, une relation directe à la mort et à la résurrection de Jésus-Chist ; cette relation en est une de signification (prophétique) et d'actualisation.

8.2 — Ce que la théologie peut dire d'essentiel, concernant la sexualité, concerne la dimension sacramentelle ainsi définie. Elle met en relations la réalité humaine et la sexualité telle qu'on peut la connaître avec la Révélation telle que formulée et perçue. Elle manifeste ainsi le lien possible entre le comportement sexuel et la mort-résurrection rédemptrice de Jésus-Christ. Ainsi se dégagent les traits essentiels d'une sexualité « sacramentalisée », c'est-à-dire capable de signifier et d'actualiser aujourd'hui l'événement du salut.

8.3 — Dimension sacramentelle de la sexualité ne veut pas dire ici exclusivement ni d'abord le sacrement de mariage. La révélation de Dieu ou du mystère, la signification de l'expression d'une relation interpersonnelle avec Jésus-Christ, se réalisent dans tout comportement sexuel normal. La sacramentalisation porte d'abord et essentiellement sur la *valeur* « sexualité » ; conséquemment seulement sur l'*institution* (mariage) ou sur les normes qui le régissent.

Il s'agit d'une signification, et donc d'une symbolisation qui devient sacramentalisation, de tout le comportement sexuel.

André Bédard 77

Éthique sexuelle et « sacramentalisation »

9 — La norme permanente que propose la théologie, en matière d'éthique sexuelle, peut se résumer dans l'obligation, pour un croyant, de signifier la relation de l'homme avec Dieu en Jésus-Christ, dans son comportement sexuel.

9.1 — Pourquoi ? Parce que, concrètement, c'est cela être croyant que de signifier et de réaliser une relation personnelle à Jésus-Christ (et aussi à Dieu), dans son comportement entier. Parce que, de plus, la réalité même de l'Église, sa nature essentielle qu'elle doit signifier dans ses normes et ses institutions, c'est d'exprimer la relation de l'homme avec Dieu, réalisée en Jésus-Christ. Toute l'éthique ecclésiale (sociale et personnelle), est soumise à la réalité et à la nécessité première qu'on pourrait résumer ainsi : l'Église est essentiellement sacrement (dans le Christ) de la rencontre de l'homme avec Dieu, invitation à une telle rencontre et sa réalisation. Il en va de même du croyant qui en est membre, devant réaliser en elle et à l'intérieur de son comportement entier, l'expression et la réalisation d'une rencontre avec Dieu dans le Christ mort et désormais vivant et qui l'aime aujourd'hui. L'enseignement officiel de l'Église, la réponse du croyant à cet enseignement et son éthique personnelle, les deux sont relatifs au caractère sacramentel de leur existence.

9.2 — Il importe de bien comprendre cette affirmation. Elle ne veut pas dire que le croyant se référera à un critère global comme : « je ne pense pas que Dieu me demande cela ». Elle signifie par exemple, que le geste même d'embrasser sera vécu comme signifiant et réalisant à sa mesure, non seulement l'union de deux personnes entre elles, mais leur union en et par Dieu en Jésus-Christ, et la réconciliation en Jésus-Christ mort et ressuscité de l'humanité avec Dieu actualisée dans l'Église. Il ne s'agit pas de croire et de « faire n'importe quoi ». Il s'agit essentiellement de rechercher le sens et la dimension sacramentelle du langage sexuel et de ses éléments.

9.3 — C'est ce qui explique la difficulté d'établir une éthique théologique. Car elle doit tenir compte aussi de la nature du « vocabulaire » sexuel, telle que peuvent la déterminer autant la vie des hommes concrets que toutes les composantes socio-culturelles (littérature, cinéma... mais aussi sexologie, psychologie, biologie, philosophie, droit, etc.). Elle veut s'adresser à un croyant impliqué dans une réalité socio-culturelle précise, à confronter avec une Révélation. Elle poursuit également l'ambition, dans la bouche du Magistère en particulier, de s'adresser non pas aux seuls croyants mais à tous. Tous ces éléments qui réfèrent la Révélation de la sexualité à des compréhensions « culturelles » essentiellement variables permettent d'explorer les dimensions de l'aspect sacramentel ; mais ils posent un facteur de relativité liée à toute recherche ou compréhension de l'homme.

9.4 — En ce sens, l'éthique sexuelle de la théologie et de l'Église ne doit pas être comprise comme étant, dans sa totalité, soustraite aux temps et aux lieux, absolument fixe et universelle. Cela, en dépit (on devrait plutôt dire « à l'intérieur ») de son caractère sacramentel et le confirmant. Elle est à l'âge de la Révélation, donnée une fois pour toutes en Jésus-Christ, mais toujours plus et mieux saisie ou actualisée, à partir de l'évolution des questions des hommes. L'Église l'a compris ainsi, reconnaissant comme source de sa foi la confrontation toujours reprise de la Révélation à la culture d'un temps et d'un lieu donné : ce qu'on nomme la Tradition.

Quelques jalons d'une éthique sexuelle théologique

10 — C'est en conformité avec cette problématique que je veux esquisser des jalons d'une éthique sexuelle de caractère théologique.

10.1 — L'on aura compris comment et pourquoi existe une éthique théologique. Elle répond essentiellement à une critique des choix humains (« valeurs ») à partir de leur capacité de « sacramentalisation ». Elle représente une réflexion critique sur les « valeurs » qui les établit, les juge, les hiérarchise suivant leur capacité d'exprimer et d'actualiser une relation personnelle actuelle de l'homme avec le Christ mort et ressuscité ; plus précisément, avec l'événement même du Christ vivant son incarnation, sa mort et sa résurrection.

10.2 — Dans le but de fixer quelques jalons d'une éthique théologique de la sexualité, je voudrais arbitrairement, m'attarder à l'expression de la Révélation : former « une seule chair ». Mon intention est de manifester les conséquences de cette expression sur une éthique de la sexualité, en précisant son origine et ses modalités fondamentales dans la Révélation.

10.3 — Essentiellement, l'expression « une seule chair » établit une relation entre l'homme et la femme. Le sens donné à cette relation se joue entre quatre situations bibliques qu'on peut relier deux à deux. Un premier groupe, concernant l'origine est formé du récit de la naissance de la femme (Gn 2/18-25) et de la naissance du Christ (Jn 1/14) — on pourrait ajouter une précision donnée par saint Paul concernant le fait de former une seule chair avec une prostituée (1 Co 6/16). Le second groupe concerne les modalités ; il va de l'arbre de la chute (Gn 3) à l'arbre de la croix (Jn 19/34) — Là aussi saint Paul peut apporter des précisions concernant la réconciliation de tout et de tous dans la chair du Christ (Éph 2/13-18 ; Col. 1/18, Ga 6/15), et le monde encore dans les « douleurs de l'enfantement », (Rm 8/18-23) et non au stade du salut « achevé ». Mais les deux groupes sont inséparables et complémentaires.

10.4 — Il est évident qu'une étude adéquate des textes concernés demanderait un développement beaucoup plus considérable. Car une théologie un peu complète souhaiterait entre autre, une exégèse fouillée et une étude de la littérature patristique concernée (qui est considérable) [1]. Au risque de faire moins prouvé, et parce qu'il s'agit surtout d'illustrer la problématique esquissée, je voudrais surtout indiquer les dimensions éthiques ouvertes par une réflexion sur les conclusions fondamentales de ces études.

11 — *La relation « une seule chair » est qualifiée par son origine.*

11.1 — L'origine de l'expression une seule chair se retrouve dans le récit de la naissance de la femme qui se lit comme suit :

> Yahvé Dieu dit : « Il n'est pas bon que l'homme soit seul. Il faut que je lui fasse une aide qui lui soit assortie. » Yahvé Dieu modela encore du sol toutes les bêtes sauvages et tous les oiseaux du ciel, et il les amena à l'homme pour voir comment celui-ci les appellerait : chacun devait porter le nom que l'homme lui aurait donné. L'homme donna des noms à tous les bestiaux, aux oiseaux du ciel et à toutes les bêtes sauvages, mais, pour un homme, il ne trouva pas d'aide qui lui fût assortie. Alors Yahvé Dieu fit tomber un profond sommeil sur l'homme, qui s'endormit. Il prit une de ses côtes et referma la chair à sa place. Puis, de la côte qu'il avait tirée de l'homme, Yahvé Dieu façonna une femme et l'amena à l'homme. Alors celui-ci s'écria :
>
> > « À ce coup, c'est l'os de mes os
> > et la chair de ma chair !
> > Celle-ci sera appelée « femme »,
> > car elle fut tirée de l'homme, celle-ci ! »
>
> C'est pourquoi l'homme quitte son père et sa mère et s'attache à sa femme, et ils deviennent une seule chair.
> (Gn 2/18-24)

Éthique théologique de la sexualité

11.2 — Surtout si l'on tient ce récit pour « mythique », il s'y trouve un enseignement profondément vrai et universel. Car le récit signifie la place unique que tient l'attrait de l'homme pour la femme au sein de l'ensemble de la création. C'est d'ailleurs cet élément mystérieux de l'attrait assez fort pour briser les liens familiaux que la création de la femme par Dieu veut « expliquer ». Voilà pourquoi le récit se termine par « l'homme quittera son père et sa mère » et sera avec sa femme « une seule chair ».

11.3 — Du côté de Dieu, l'origine de la femme se trouve dans une attention à la *solitude* de l'homme au sein du monde (Gn 2/18). Voilà pourquoi, s'il « modèle du sol bêtes sauvages et oiseaux, » Dieu prend une « côte » d'Adam pour former la femme : l'aide que Dieu crée sera « assortie » à Adam, parce qu'ils seront les « deux d'une seule chair ». Ainsi devient-elle son vis-à-vis, liée à lui dans une profonde unité qui en fait son « égale » ; [2] l'homme le reconnaît d'ailleurs immédiatement et par son exclamation (Gn 2/23) et par le nom qu'il lui donne (Gn 2/24). L'expression « une seule chair » signifie donc l'unité des deux êtres au sein d'une égalité qui tient au fait qu'ils partagent la même « chair ». Elle marque que l'homme trouve dans la femme, et elle seule, la sortie de sa solitude la plus radicale ; qu'il ne la réalise pas sans cette « aide », parce que tout le reste ne lui est pas « assorti ». Dieu lui-même s'est penché librement sur cette solitude ; il ratifie ainsi l'attrait sexuel et « crée » le mariage, précisant ainsi et explicitant Gn 1/18.

11.4 — *Du côté de l'homme,* l'expression « une seule chair » signifie son « attachement » qui l'emporte hors de sa famille et de sa relation de fils (Gn 2/24). Ainsi sont reliés sexualité et amour (conjugal).

Dans ce récit, en effet, l'on insiste moins sur « l'aide » (comme le fera le récit de la chute Gn 3/13), sur les « modalités » de l'union dont je parlerai plus loin. Il s'agit plutôt de leur « unité » au sein de la vie, de la création (et de « l'évolution »).

Cette unité est qualifiée par l'expression « os de mes os et chair de ma chair » (Gn 2/23). L'expression, retrouvée aussi ailleurs [3], accentue fortement le lien de ressemblance, l'unité au sein de la race humaine : car, en général, elle désigne la parenté de ceux qu'unissent la chair et le sang. L'homme et la femme partagent le « même sang » : tel est à la fois la source et le terme de leur attachement ; tel est le sens premier de l'expression « former une seule chair ». Au sens propre, ils partagent la même vie (liée au sang chez les Hébreux, comme l'on sait), ils forment une totalité, un seul être vivant [4].

Et ce lien horizontal de la « chair et du sang » devient, un moment donné, plus fort que celui qui existe déjà entre le père et son fils. De sorte que le fils sort du foyer afin de se retrouver, d'être lui-même en « totalité ». Il consent, par là, à une poussée qui provient d'au-delà de son aspect personnel : de son être homme lui-même, qui se réalise dans l'attachement à sa femme.

11.5 — Considérant que l'action créatrice utilise la « *côte* » de l'homme (Gn 2/21), l'on pourrait croire qu'on devient une seule chair par suite d'un amour, et centrer sur ce texte la théologie du mariage. Il n'en est rien, même si le mot « côte » peut signifier le « côté » ou le « cœur » et permet de prolonger cette analyse, comme je le ferai plus loin. L'un des cinq emplois bibliques de « devenir une seule chair » concerne en effet, l'union à une prostituée (1 Co 6/16).

Dans ce texte de saint Paul, malgré et dans le parallélisme entre « corps » et « chair », l'idée est la même : le parallélisme de l'union avec le Seigneur dans un seul esprit le confirme (1 Co 6/17). Cette union en une seule chair n'est donc pas le privilège d'un amour particulier : elle est, en quelque façon, automatique, liée au comportement sexuel comme tel. Accepter un comportement sexuel, c'est accepter cette parenté avec le partenaire, dans la chair et le sang : c'est aussi la réaliser et en porter les conséquences.

11.6 — C'est la réflexion cristallisée dans et autour de Gn 2/24 qui a été utilisée pour traduire les *rapports de Dieu avec l'humanité dans le Christ*. Par suite, la sexualité est devenue susceptible de porter et d'exercer une dimension sacramentelle (c'est-à-dire d'actualiser une présence du Christ et au Christ incarné, mort et ressuscsité).

Saint Paul écrit, en effet, aux Éphésiens (5/29-32) :

> Jamais personne n'a pris sa propre chair en aversion ; au contraire on la nourrit, on l'entoure d'attention comme le Christ fait pour son Église ; ne sommes-nous pas les membres de son corps ? *C'est pourquoi l'homme quittera son père et sa mère, il s'attachera à sa femme et tous deux ne seront qu'une seule chair.* Ce mystère est très grand : je déclare qu'il concerne le Christ et l'Église.

Ce texte affirme clairement l'union de l'humanité au Christ dans une seule chair réalisée au sein de l'Église. Cette union se réalise

Éthique théologique de la sexualité

au terme d'une même « rupture » : le Christ ayant quitté son père « pour venir dans le monde », le croyant ayant comme Abraham quitté son pays et sa maison (He 1/18-12, Gn 12/1-4) — mais l'Esprit de Dieu permet au croyant qui s'unit au Christ-Époux de devenir ainsi « fils de Dieu ».

11.7 — Des précisions ultérieures sont ici nécessaires, puisqu'il s'agit de la réalité qui fonde selon nous toute éthique théologique en matière de sexualité. Ces précisions proviennent à la fois du prologue de l'évangile de Jean (Jn 1/14) et de son chapitre 6 concernant le « pain de vie » (particulièrement Jn 6/52-58).

D'abord, le prologue nous indique que Dieu « s'est fait chair » (Jn 1/14). Quand l'on affirme que Dieu s'est « incarné », l'on veut dire clairement que, désormais, il forme « une seule chair » avec les hommes. Cela, avec toute l'extension et tout le réalisme indiqué précédemment à propos de Gn 2/24. Comme pour Ève, il s'agit d'une action créatrice de Dieu : l'union de l'homme avec Dieu dépend encore plus pleinement de l'initiative gratuite de Dieu. Grâce à l'Esprit, en Marie d'abord, Dieu et l'homme deviennent une seule chair : Jésus-Christ, le Fils de Dieu qui est aussi fils de Marie.

Le chapitre 6 de saint Jean manifeste, par suite, avec vigueur, que tous sont appelés à former une seule chair avec Lui et en Lui, à être avec Lui et en Lui un seul être vivant partageant sa chair et son sang. Ainsi non seulement l'incarnation mais, dans son prolongement, la réalité de l'eucharistie et de l'Église se trouvent-elles définies, signifiées et réalisées, suivant l'union de l'homme (et de la femme) qui « quitte son père et sa mère et devient une seule chair » (Gn 2/24).

Voilà, me semble-t-il, la base même, le fondement premier d'une éthique théologique en matière de sexualité. La valeur fondamentale, le critère théologique en matière d'« éthique » sexuelle, c'est l'aptitude du comportement sexuel à actualiser l'union de l'homme et de Dieu en une seule chair dans le Christ. Comme une telle actualisation, dans l'ordre de la signification et celui de la réalisation effectuée, définit le « sacrement », l'on saisit comment une éthique théologique, en matière de sexualité aussi, est une éthique « sacramentelle ». Elle juge des comportements et réalités sexuels d'après la possibilité d'exprimer et d'effectuer une relation de l'homme concret avec le Christ, afin que soit vécue cette unité en une seule chair du croyant au sein d'une Église (cf 2 Co 1/12).

André Bédard   83

Réciproquement, ce qui qualifie la situation et les relations de l'homme et de la femme définies par l'expression « une seule chair » peut s'appliquer à la relation de l'homme avec Dieu. Autant concernant l'attention de Dieu à sa solitude au sein du monde qu'au partage de la chair et du sang de Dieu qui nous fait époux, fils et frères du Seigneur. On pourrait affirmer, par exemple, que bien des aspirations que l'homme et la femme cherchent à combler par leurs relations ne peuvent l'être que s'il s'y introduit la relation à Dieu. Le vocabulaire de l'amour autant que le désir d'être « tout toujours » pour l'autre, le fait que l'être aimé a tendance à être « omniprésent » comme aspect « signifiant » de toute expérience, etc., témoignent d'une tendance à faire de l'autre un « dieu » (une idole) et donc témoignent de l'appel à une relation à Dieu qui s'inscrit aussi dans le comportement amoureux.

C'est ainsi, par suite de l'unité dans une seule chair retrouvée à la fois dans la relation avec Dieu et dans les relations entre hommes et femmes, que le langage sexuel peut être signe et actualisation de la relation avec le Christ mort et désormais vivant et m'aimant aujourd'hui. Confronter la relation avec le Christ et la relation homme-femme constitue la tâche d'une éthique théologique en matière de sexualité : son critère étant essentiellement une telle « sacramentalisation » du comportement croyant.

Ce qui veut dire, finalement, que, sans tout confondre ou perpétuer des « tabous », le croyant peut exprimer son amour pour Dieu en s'unissant à sa femme, et vouloir être ainsi, pour sa femme, le langage de l'amour de Dieu pour elle. L'Église d'ailleurs reconnaît officiellement le sérieux de ce fait, quand elle tient pour essentielle à la *validité* du mariage sa « consommation » dans l'union sexuelle.

Adam et Ève

12 — Mais Adam et Ève ont dû expérimenter le type « d'aide » qu'ils s'apportaient mutuellement. L'« égalité » dans une seule chair d'origine a été soumise à des situations, a pris des *modalités* qu'il faut examiner. Ainsi se précisera non seulement le sens que l'expression « une seule chair » peut avoir théoriquement, mais le sens qu'elle prend dans le temps et par suite de la mort et de la résurrection du Christ. Il s'agira, ici encore, de suggérer seulement quelques pistes.

Éthique théologique de la sexualité

12.1 — Le récit de la chute (Gn 3) est bâti essentiellement pour répondre à des questions de fait. Comme le petit Prince de Saint-Exupéry demande pourquoi sa rose a des épines, le récit s'interroge concernant le serpent et les épines, mais aussi concernant l'origine du vêtement, concernant le caractère pénible du travail et les douleurs de l'enfantement, concernant l'inégalité manifeste de la femme dans le monde juif en particulier. Et la réponse qu'il apporte à ces questions révèle le caractère symbolique de ces situations.

12.2 — Dans le domaine de la sexualité, la rupture avec Dieu se traduit en rupture de l'harmonie assurant l'égalité de l'homme et de la femme. Dieu apparaît un adversaire de l'aspiration à vivre, limitant trop arbitrairement les appétits et la liberté ; de même l'homme et la femme éprouvent la nudité comme une menace. Le désir et le sentiment d'être avec Dieu apparaissait auparavant susceptible d'épanouir l'homme et de le rendre heureux, et non comme la menace d'un dominateur ; par suite de la rupture, le désir poussant la femme vers l'homme contribue à son asservissement. C'est là un paradoxe incroyable si l'on pense que la femme est née de la « côte » d'Adam (Gn 2/21), c'est-à-dire, selon le sens biblique de ce mot, de son « côté », de son « cœur », de son besoin d'aimer et d'être aimé. Encore une fois, le comportement sexuel traduit et véhicule les relations de l'homme avec Dieu. À la situation absurde de constituer comme adversaire de son aspiration à vivre un Dieu qui a créé l'homme par amour, correspond l'absurdité que la sexualité et l'amour d'origine servent à la domination, et qu'il se pose désormais un problème de la libération de la femme, de l'homme, du couple. L'homme et la femme voulant se « libérer » de Dieu se trouvent désormais continuellement menacés d'asservissement mutuel, de domination ou d'exploitation mutuelle : penser seulement qu'en Israël la possession » de la femme est régulièrement énumérée à l'intérieur et à la suite de la possession de bâtiments, d'animaux, de champs...

12.3 — Au-delà des relations d'unité et d'égalité en une seule chair, mentionnons-le en passant, c'est l'apparition de toutes les formes de douleur, de mort, d'absurdité au sein du monde, que le récit attribue à la rupture avec Dieu. En ce sens s'accomplit la menace rappelée par Ève : « vous n'en mangerez pas, vous n'y toucherez pas sous peine de mort » (Gn 3/3). Plus directement reliée à notre propos, c'est l'apparition des douleurs de l'enfantement (Gn 3/16) qui deviennent le symbole de toutes les souffrances et

André Bédard   85

perturbations de la mise au monde d'un univers réconcilié avec Dieu dans la mort du Christ (Rm 8/18-23).

12.4 — Pourquoi, sinon parce que toute l'œuvre du salut du Christ consiste à rétablir entre Dieu et l'homme l'unité en une seule chair ? Tel est, en effet, le sens d'un texte de saint Paul aux Éphésiens (Éph 2/13-18 voir aussi Col 1/18, Ga 6/15) où le salut est décrit comme la réconciliation de tout et de tous dans la chair du Christ : le salut, c'est l'union de tous dans le corps du Christ, l'unité en une seule chair d'un univers désormais heureux d'être en relation avec Dieu. Ce même texte aux Éphésiens en témoigne d'ailleurs explicitement : le Christ et l'Église (incluant tous les membres) sont unis en une seule chair comme époux et épouse (Éph 5/30-32).

C'est donc dire qu'une éthique théologique peut percevoir les affrontement, libérateurs ou non, entre l'homme et la femme au cours des siècles, comme reliés et parallèles aux affrontements à Dieu, les traduisant et les véhiculant. Ce qui est et sera toujours particulièrement vrai dans la situation du mariage, comme l'indique saint Paul, puisque le mariage « sacramentel » signifie et veut actualiser les relations de l'homme et de la femme comme incluant les relations de Dieu avec l'humanité au sein de l'Église.

12.5 — L'ensemble de cette situation vient comme se cristalliser dans la figure du Christ sur la croix. Car le résumé concret de la Révélation et de l'œuvre du salut, c'est un cœur ouvert tracé sur un arbre (Jn 19/34).

Bien sûr que l'hostilité de l'homme a gagné. Dieu est mort ; avec lui, tout le prestige ou le « pouvoir » d'un Dieu régnant sur l'homme par les éclairs et le tonnerre. En se manifestant comme plus faible que lui, Dieu révèle de nouveau à l'homme qu'il le crée libre en face de lui.

La faiblesse de Dieu est la faiblesse même de l'être qui aime. Si, en effet, Ève est née du cœur de l'homme, voici sur la croix l'eau du baptême et le sang de l'Eucharistie que Jean voit s'échapper du cœur transpercé du Christ. Jean s'y arrête d'une façon exaltée et paradoxale si l'on consière que ce pouvait être le fruit d'un geste de routine (Jn 19/35-37). Le sang et l'eau créent en effet les liens de la chair et du sang qui permettent d'unir Dieu à l'humanité dans « une seule chair ». C'est l'Église, épouse du Christ, qui provient du cœur transpercé, comme Ève, du cœur d'Adam. On pourrait dire : toute l'humanité est féminine par rapport à Dieu ; et elle se voit offrir un type de relation avec lui dans un symbole sexuel, d'amour, qui est universel : un cœur tracé sur un arbre.

Et ce cœur ne fait pas que réaliser l'unité en une seule chair. Il indique, en vérité, le contenu total de la Révélation. Car ce contenu, c'est que Dieu témoigne qu'il aime l'homme en se livrant à la mort pour cet homme qui le refuse ; c'est là une autre façon dont se réalise la parole dite à la femme (Gn 3/16) : l'amour a poussé Dieu vers l'homme dans le Christ, et l'homme a « dominé sur lui ». Ce contenu est aussi, en conséquence, que le croyant imite l'amour d'initiative de Dieu qui est visible dans le Christ (Jn 13/34-35) : le résumé de l'éthique du croyant, c'est un cœur ouvert tracé sur un arbre.

Ainsi l'unité dans une seule chair de l'homme et de la femme peut-elle actualiser l'unité de l'homme et des hommes avec Dieu dans « la chair du Christ ». C'est dire que la réalité même de l'attrait sexuel, de la sexualité et de l'amour, peut servir de symbole et de sacrement des relations de l'homme avec Dieu et des hommes entre eux. Inversement, le cœur ouvert tracé sur un arbre symbolise et est le sacrement permettant progressivement de mieux réaliser, de guérir les inégalités ou les dominations, apparues au sein de la relation de l'homme et de la femme en une seule chair.

Il est, par suite, logique qu'une éthique théologique en matière de sexualité réfère le comportement sexuel entier au cœur ouvert sur l'arbre de la croix.

Pourquoi cet essai

13 — En conclusion, disons d'abord combien je suis conscient des limites de cette contribution à une éthique théologique en matière de sexualité.

13.1 — Son mérite, peut-être, est de présenter une option précise en matière d'éthique théologique et de l'appliquer rigoureusement (du moins je l'espère) à définir quelques jalons d'une éthique sexuelle théologique. Les réflexions qui précèdent auront montré dans l'expression « une seule chair », comprise par son origine et ses modalités, que le critère théologique fondamental en matière de sexualité, c'est la sacramentalité du comportement et du langage. L'unité en une seule chair, pour qui accepte dans la foi la Révélation,

André Bédard   87

actualise l'unité réalisée et en marche de l'homme avec Dieu ; l'union en une seule chair peut actualiser l'incarnation, la mort et la résurrection du Christ.

13.2 — Par suite, si l'on regarde du côté de la source de la réalité sexuelle comme de l'unité, et l'homme et Dieu se retrouvent dans le geste de tracer sur un arbre un cœur transpercé.

13.3 — Le critère éthique du théologien est donc de référer le langage sexuel au langage de la Révélation, afin d'en manifester les liens et la compatibilité. Ce faisant, l'on n'oubliera pas que le langage essentiel de la Révélation, c'est le Christ au cœur transpercé : la Révélation, c'est Lui ; et le but à atteindre, c'est que le comportement entier soit l'expression d'une relation interpersonnelle avec Lui, qui est toujours vivant.

Notes

1.   On peut référer entre autres à Daniel Lys, *La chair dans l'A.T.* ; aux études patristiques, aux théologies du « cœur » (par exemple *Cor Jesu* de Herder), à la symbolique de l'eau et du sang incluant le thème de la nouvelle Ève... aux études du récit du péché originel.

2.   Ce qui correspond à l'alternance de Gn 1/27 qui implique l'égalité de l'homme et de la femme « à l'image de Dieu » :
> « à l'image de Dieu il le créa
> homme et femme il les créa ».

3.   Gn 29/14 ; Jug 9/2 ; 2 Sam 5/1 ; 19/13.14 ; 1 Ch 1/11.

4.   C'est ainsi que saint Paul, se souvenant du « basar » que comprend l'expression, parlera de l'amour de l'homme pour la femme en disant : « nul n'a jamais haï sa propre chair » (Éph 5/29).

L'éducation sexuelle à la québécoise

LE DOCUMENT
DU COMITÉ CATHOLIQUE
SUR L'ÉDUCATION SEXUELLE

Jean-Marc Samson

Professeur au Département de Sexologie de l'Université du Québec à Montréal, Jean-Marc Samson nous livre ici ses commentaires sur le récent document du Comité catholique relatif à l'éducation sexuelle scolaire. Ses propositions cherchent à nuancer et à parachever ce document déjà fort riche.

C'est un cliché que d'affirmer que la tradition catholique a entretenu une suspicion radicale face à tout ce qui touchait le sexuel. La phobie de *l'impureté* comme la crainte de l'« odeur qui reste » [1], a très souvent, dans notre passé québécois, contribué à conférer à la sexualité humaine un caractère animal et partant à la rendre allogène sinon contraire au spirituel.

Devant une sexualité si vilaine, l'éducation morale — on n'osait pas encore parler d'éducation sexuelle — se devait, bon gré mal gré, d'équiper les jeunes de contre-habitudes très fortes, capables de contenir ces *passions* puissantes, qui, si elles étaient laissées à elles-mêmes, ne pouvaient que « mener à l'excès » [2].

Puisque dès l'enfance il fallait aguerrir l'humain contre ses bas instincts, on se devait de parler des *choses du sexe* même aux enfants, « pour leur faire éviter que le poids, hélas ! de l'argile humaine dont

nous sommes tous pétris, ne les fasse lourdement tomber par terre » [3].
Par les vertus d'une éducation morale très rigoriste, le jeune devenait,
semble-t-il, capable de maîtriser ces forces redoutables, c'est-à-dire
capable de leur opposer un système de défense automatique, capable
de leur dire : non ! Sans cette éducation transformatrice de l'humain,
le pire restait à craindre. Le Comité permanent de l'éducation secondaire nous le rappelle sans équivoque en 1936 :

> Sans ce concours indispensable de l'éducateur et du directeur
> spirituel, le jeune homme ne peut guère arriver à se connaître lui-
> même, à regarder en soi, dans ce nid de vipères, dans ce grouille-
> ment secret né du péché originel, et à comprendre qu'il est néces-
> saire de contraindre, de discipliner, de moraliser la bête humaine,
> et que, sans le secours de la grâce divine, la vie humaine sombre
> dans les bas-fonds de la vie animale. [4]

Certes, durant cette tranche encore chaude de l'histoire du Québec, tout ne fut pas complète noirceur. Moins pessimistes de nature,
ou plus lucides de formation, de nombreuses voix [5], parfois malhabiles
et souvent hésitantes, se sont élevées « contre cette méfiance exagérée
de la nature [qui] ne la supprime pas pour autant » [6]. Elles ont permis
cette évolution rapide qui ouvrira le Québec aux idées du XXe
siècle [7].

Réforme scolaire

Malgré l'absence de recul, on peut déceler deux temps dans la
réforme scolaire québécoise. Dans un premier temps, avec la création
d'un Ministère de l'Éducation, et fort du Rapport Parent, le Québec
s'engage tête baissée dans une vaste restructuration scolaire, dont
on admire, à l'extérieur du Québec, autant l'audace que la qualité.
Cette époque est marquée par une volonté d'adapter les conceptions
scolaires québécoises aux idées nouvelles appliquées ici ou là dans
le monde. C'est la période du « faire-aussi-bien-qu'ailleurs », du
mimétisme culturel.

Dans le champ de l'éducation sexuelle, les années soixante con-
sacrent la fin de l'époque chevaleresque des « Croisades de Pureté ». [8]
À peine mentionnée dans le Rapport Parent, l'éducation sexuelle
acquiert lentement, au fil des discussions et des polémiques, un droit
de cité indéniable. En effet, à la suite de nombreux pays, l'école
du Québec accepte de s'interroger sur l'éducation sexuelle, voire
même de s'aventurer dans quelques tentatives. Sans mandat officiel,

et même malgré des directives officielles [9], l'éducation sexuelle accède à l'école, soit par l'escalier des sciences religieuses [10], soit plus récemment par celui des services de santé [11].

Le deuxième temps de la réforme scolaire québécoise en est à ses débuts, mais déjà on peut en saisir l'orientation. Depuis quelques années, en effet, les milieux d'éducation du Québec s'appliquent moins à « québéciser » des expériences faites ailleurs ; on suggère plutôt des innovations tout à fait originales, innovations qui commandent de redéfinir le rôle de l'école et par la suite d'en reformuler les méthodes.

C'est ainsi que le Conseil supérieur de l'Éducation, nous propose de concevoir le rôle de l'école selon une optique nouvelle. Dans son rapport annuel de 1969-1970, le Conseil supérieur n'hésite pas à nous convier à de difficiles dépassements, lorsqu'il écrit : « L'éducation doit aller bien au-delà de ce qu'elle a fait jusqu'à ce jour et se définir à nouveau dans le contexte du monde contemporain. » [12]

Cet appel semble avoir trouvé de nombreuses oreilles attentives. Sans chercher à dresser un bilan complet, on doit quand même constater la rapide évolution qu'a connue le monde de l'éducation au Québec, et convenir que, jusqu'à ce jour, la réforme scolaire ne semble pas encore à bout de souffle. Le récent rapport de l'OCDE, qui a emprunté chez nous les yeux de cinq spécialistes internationaux de l'éducation, signale que le Canada, de moins développé qu'il était il y a 30 ans, occupe actuellement en éducation une position de leader. Quant au Québec, le rapport pécise :

> Nulle part ces changements n'ont été aussi prononcés que dans la partie francophone du pays... Au Québec, en particulier, on est passé, dans tout le système d'enseignement, d'une structure fermée, fragmentée et élitiste, à une structure ouverte et unifiée, d'une vision archaïque et étroite des programmes à une conception moderne et très large, d'une philosophie cléricale et restrictive à une conception laïque et permissive. [13]

À notre avis, ce n'est plus inspirée par un désir fébrile de changement mais animée d'une volonté d'apporter une nouvelle vision des choses que l'éducation « à la québécoise » accepte actuellement de formuler et d'adopter une perspective nouvelle.

Le renouveau sexuel

Le bref rappel historique qui a précédé nous a semblé nécessaire pour mieux situer le récent document du Comité catholique du Conseil supérieur de l'Éducation : *L'éducation sexuelle dans les milieux scolaires catholiques du Québec* [14] (cité ci-après sous le sigle CCEX). Ce document se place d'abord dans une démarche globale qui souhaite redéfinir l'éducation et l'école selon une perspective humaniste. Qu'il faille favoriser ou rejeter cette conception nouvelle de l'école, cela est une question qui déborde le cadre de cet article ; à notre avis, on serait mal fondé de prendre prétexte de ce document pour critiquer le courant de pensée qui le supporte et dont il ne constitue qu'un élément.

De plus, le survol historique nous a permis de comprendre que le milieu québécois, à l'exemple du monde contemporain, a évolué rapidement quant à la place et à l'importance qu'il accorde à *sa* [15] sexualité. Alors qu'hier elle lui inspirait, ou du moins elle aurait dû lui inspirer la crainte, elle constitue aujourd'hui un élément capital dans son être-homme ou dans son être-femme. Il nous semble inopportun, dans le cadre de cet article de départager les mérites et les méfaits d'une telle évolution [16]. Mais c'est à l'intérieur de cette évolution que se situe le document du Comité catholique. Même si son objectif global n'est pas de juger de ce changement des idées sur la sexualité, il porte quand même sur cette évolution un regard lucide, ne cherchant ni à nier ni à composer béatement avec elle. Il importe ici de bien distinguer entre un document sur l'éducation sexuelle et l'évolution des idées et des mœurs sexuelles du Québec. Certes, il existe des rapports étroits entre ces deux « aventures », qui peuvent d'ailleurs aller s'auto-influençant l'une l'autre. Cependant, sans un effort de distinction entre les deux événements, on risque d'opérer un transfert simpliste ; c'est-à-dire d'adresser aux auteurs connus d'un document officiel les critiques que véritablement on voudrait diriger contre les insaisissables responsables d'une évolution sociale qu'on n'entérine pas, ou qu'on trouve trop hésitante.

Quant à nous, nous nous efforçons d'éviter les deux formes de déviance que nous venons de mentionner, pour centrer notre critique sur la problématique interne proposée par ce document.

Le développement sexuel

On constate avec joie que le document retient la dimension *développementale* de l'éducation sexuelle, qu'il définit comme « un effort d'éducation visant l'épanouissement de la personnalité en tant qu'elle est sexuée » (CCEX 2.1). On est très loin ici de cette éducation sexuelle *coercitive* qui voulait équiper les jeunes de « bonnes vertus contre de mauvais instincts ». Le document se refuse aussi, et c'est heureux, à proposer une éducation sexuelle *coercitive,* c'est-à-dire celle qui se justifierait par la seule augmentation des maladies vénériennes, des viols ou des grossesses non désirées. L'éducation sexuelle n'est pas présentée ici comme un remède nécessaire pour éliminer des catastrophes sociales. Le document écarte aussi la vision *socialisante* de l'éducation sexuelle, c'est-à-dire celle qui ne chercherait qu'à adapter les jeunes aux valeurs sexuelles reconnues par notre société. On ne désire pas, non plus, inciter à un plus ou moins vague « respect des valeurs du milieu québécois »[17]. Certes, le Comité catholique ne prêche pas l'anarchie, mais il écarte aussi la soumission aveugle ; le document invite à la critique lucide des valeurs sexuelles de la société québécoise. Pour lui, l'éducation sexuelle doit apprendre aux enfants et aux adolescents « à réagir de manière critique » face aux diverses influences sociales sur la sexualité, « à détecter les modes et les conditionnements, à évaluer et comparer les points de vue, à sentir les valeurs affirmées et les valeurs absentes » (CCEX 6.9). C'est une critique sereine du contrat social québécois que suggère le Comité catholique, lorsqu'il écrit : « La volonté d'éveiller les jeunes aux responsabilités de la sexualité et de l'amour doit s'accompagner d'une réflexion critique sur notre société et les valeurs qui la sous-tendent. » (CCEX 10.6).

L'éducation sexuelle

Cette démarche critique, le Comité catholique ne la propose pas avec autant de force lorsqu'il aborde les valeurs sexuelles catholiques. On sent ici une gêne et une hésitation. D'un côté le document précise que l'éducation sexuelle scolaire ne saurait se « transformer en enseignement religieux, ou en une forme d'endoctrinement moral » (CCEX 7.4). D'autre part, l'éducation sexuelle doit rester « accordée à la vision chrétienne de la sexualité, et respectueuse des orientations que trace la *communauté ecclésiale* » (CCEX

7.4 ; c'est nous qui soulignons). Il se peut que ce soit l'expression « communauté ecclésiale » qui, subtilement, entrouvre la porte à un examen des valeurs sexuelles catholiques, mais c'est là une invitation trop discrète.

À notre avis, cela conduit à deux difficultés. D'abord, sur beaucoup de questions sexuelles, la « communauté ecclésiale » est en état de recherche. Ses « orientations » demeurent, pour le moment, assez imprécises — du moins pour celui qui n'a pas d'avance décidé d'une position personnelle. L'homosexualité, la relation sexuelle précoce, l'avortement, la transformation chirurgicale des transsexuels, demeurent des questions sur lesquelles on peut opposer les vues de groupes de théologiens sérieux. Qu'on se rappelle les réactions partagées de nombreuses assemblées d'évêques à travers le monde à la suite de l'encyclique *Humanæ vitæ,* pour comprendre qu'il devient très difficile pour l'éducation sexuelle de s'accrocher à UNE vision chrétienne de la sexualité. On ne peut certainement pas exiger de l'éducateur sexuel qu'il précise pour ses élèves le corps de la pensée chrétienne sur certaines questions sexuelles encore « chaudes », alors que les théologiens n'ont pas encore réussi à asseoir un début de *consensus* sur ces questions.

Les appels « à la communion, à la fidélité et à la fécondité » (CCEX 7.5) peuvent être très utiles comme jalons lors d'une recherche de sens, mais ils ne savent suffire à formuler une position éclairée. Ainsi, l'éducation sexuelle pourra toujours être rejetée comme « laïcisante » par les chrétiens qui trouvent leur crédo sexuel dans les formulations vaticanes, comme la récente Déclaration sur certaines questions d'éthique sexuelle [18]. D'autre part, elle pourra aussi être écartée comme endoctrinement rétrograde par ces autres chrétiens qui accordent une oreille plus attentive aux exposés d'une théologie qui se veut en « état de recherche ».

Une politique de silence sur ces questions « délicates », comme certains l'ont parfois proposée adroitement, en plus d'être un constat d'impuissance, fait injustice à l'élève ; s'il est en droit d'exiger une éducation sexuelle, comme l'affirme explicitement le document (CCEX chapitre 3), il est aussi en droit d'exiger une « éducation sexuelle de qualité » (CCEX Introduction), ce qui implique alors le devoir pour l'éducation sexuelle de NE PAS écarter les questions difficiles. C'est d'ailleurs faire preuve d'une pédagogie à bon marché que de croire que le silence éduque !

La deuxième difficulté est d'ordre méthodologique. On voit mal comment il est possible de convier les jeunes à une calme et sereine réaction critique face aux valeurs sexuelles sociales (CCEX 6.9 et 10.6), tout en laissant croire qu'une critique similaire devient malsonnante si elle s'applique aux expressions *actuelles* des valeurs sexuelles catholiques. Qu'on nous comprenne bien ! L'éducation sexuelle n'a pas à prêcher le scepticisme religieux ni le relativisme éthique ; mais, même « catholique » dans ses orientations, elle doit comprendre que c'est à travers le prisme de l'exégèse et de l'interprétation authentiques que nous parvient la « lumière de la Révélation » sur les questions sexuelles. Ce prisme étale cette lumière pour permettre d'en saisir toutes les nuances ; mais dans tout ce qui n'est pas explicitement *ex cathedra,* on ne peut éviter que se glisse souvent une certaine distorsion, infligée par le contexte historique dans lequel baigne tout ce processus de lecture. Ainsi, sans nier les appels à la communion, à la fidélité et à la fécondité, il importe d'aider les jeunes à s'interroger sur les condamnations trop sommaires ; certaines expressions de la sexualité humaine, même si elles ne cadrent pas toujours avec les catégories auxquelles nous avons été habitués, peuvent receler des éléments de communion et de fécondité d'un ordre inaccoutumé, qu'une analyse trop rapide risque facilement d'ignorer. Ainsi, faite dans le cadre de l'école catholique, l'éducation sexuelle n'a pas à questionner les assises de certains échafaudages théologiques sur la sexualité ; cependant son autonomie l'autorise à discuter de l'architecture de ces échafaudages, à en souligner les faiblesses et même parfois à en contester les conclusions.

Même si dans son rôle, rien ne commandait au Comité catholique de préciser ce que signifie l'expression « conception chrétienne de la sexualité », il accepte pourtant d'en esquisser les grands traits, ce qui est tout à son mérite. Ce qui nous étonne cependant, c'est que dans ce document, le Comité catholique encourage discrètement une saine analyse critique de la conception sexuelle présentée par la société, alors qu'il omet de suggérer une démarche similaire lorsqu'il s'agit de la conception sexuelle présentée par les échafaudages théologiques.

Responsabilité parentale

On pouvait s'attendre à ce que le Comité catholique affirme le « rôle primordial et irremplaçable » des parents dans le développement sexuel des jeunes. Mais ici l'approche est neuve. D'abord le *droit* de l'enfant à un développement psycho-sexuel harmonieux n'est pas fondé sur une « bonne volonté » parentale, mais vient du droit à une éducation complète (CCEX chapitre 3). Présentée ainsi, la croissance psychosexuelle de l'enfant entraîne des obligations particulières pour tous les agents d'éducation, dont entre autres les parents.

Conséquemment, les parents ont des *devoirs* envers l'enfant, dont celui de soutenir son développement psychosexuel. Puisqu'ils sont les premiers éducateurs de l'enfant, premiers dans le temps et dans l'importance de leur influence, les parents sont conviés à une action éducative de qualité. Lourde tâche s'il en est, puisqu'elle implique une prise de conscience de l'influence non verbale sur les jeunes enfants, et qu'elle exige des parents qu'ils soignent l'image de la sexualité qu'ils « émettent » de façon implicite dans leur *savoir-être* quotidien. Face à l'importance de ce rôle des parents, le Comité catholique rappelle au Ministère de l'Éducation qu'il « faudrait trouver les moyens d'appuyer et de soutenir les parents dans leur tâche irremplaçable » (CCEX 4.6) avant de « lorgner tout de suite du côté de l'école » (CCEX 4.6). On peut ici penser à une revalorisation des cours de sexologie pour adultes, organisés dans le cadre de l'Éducation permanente [19].

Ce qui est nouveau, et il importe de le remarquer, c'est que le Comité catholique ne table pas sur le rôle irremplaçable des parents dans l'éducation sexuelle des enfants pour accorder aux parents une responsabilité exclusive, voire « naturelle », de décider de tout ce qui touche l'éducation des jeunes en matière sexuelle. L'enfant apporte ici à ses parents des obligations plus qu'il ne crée chez eux des droits. L'action des premiers éducateurs de l'enfant, parce qu'elle est antérieure à toute autre, amène une responsabilité *unique ;* elle ne provoque pas une responsabilité *totale,* que les parents pourraient, à leur gré, partager ou non avec les autres agents d'éducation. Certes, les parents restent *associés* aux autres agents d'éducation sexuelle, mais ils ne jouissent pas, en ce domaine, d'un droit de veto singulier. C'est au paragraphe 10.3 que le Comité catholique, parlant des rencontres parents-éducateurs, se fait plus explicite ; après avoir indiqué que certains parents voudront se décharger sur l'école d'une responsabilité qui leur revient, le document précise :

> Il est probable également que des parents refuseront d'emblée toute intrusion de l'école en matière de sexualité, invoquant qu'il

s'agit là d'un champ exclusif à la famille. Autant de réactions qu'il faudra savoir accueillir, comprendre et éventuellement *aider à dépasser*. (CCEX 10.3 ; c'est nous qui soulignons).

Ces mots témoignent du remarquable cheminement des conceptions éducatives qui a lieu au Québec, depuis quelques années. Nous l'avons dit : alors qu'hier il se contentait d'*importer* des idées, aujourd'hui le Québec accepte de proposer au monde de l'éducation des conceptions inédites. On prend mieux conscience de cette évolution lorsqu'on relit ce que le Rapport Parent, en 1966, écrivait sur cette question :

> Bien que ce soit d'abord leur responsabilité, trop de parents n'osent donner à leurs enfants l'éducation sexuelle, parfois même la plus élémentaire, dont ceux-ci auraient besoin ; (...) L'école doit donc souvent se charger de certains aspects de l'éducation qui relèveraient plus naturellement de la famille... [20]

L'optique de 1976 est toute autre, et combien moins confuse.

Rôle spécifique de l'école

Que l'école ait en éducation sexuelle un rôle propre, cela découle du droit de l'enfant à un développement sexuel harmonieux, et de la qualité « éducative » de l'école. Inutile de reprendre ici dans le détail les arguments que le Comité catholique présente au chapitre 5 de son document, arguments qu'il faut avoir lus et auxquels nous souscrivons pleinement [21].

Cependant, le Comité catholique fait ici un pari : celui de croire que l'école pourra réussir à dépasser, dans sa réalité quotidienne, l'accent qu'elle a toujours voulu mettre sur le simple savoir. Le document est explicite sur ce point :

> Dans une école axée sur le simple savoir, l'éducation sexuelle pourrait être considérée comme superflue ; elle ne saurait l'être dans une école qui veut faire accéder les jeunes au *savoir-vivre* et au *savoir-être*. (CCEX 5.6 ; souligné dans le texte).

Qu'il nous soit permis de signaler ici deux dangers. D'abord, introduite dans une école encore préoccupée quasi exclusivement de simple savoir, l'éducation sexuelle risque d'être « chosifiée », d'être réduites à des « notions à apprendre ». L'insistance que le Comité catholique met à distinguer information et éducation sexuelles est tout à son mérite. Mais cela n'écarte pas le risque de voir l'éducation sexuelle scolaire s'embourber dans les informations sexuelles. En

Jean-Marc Samson 97

effet, puisque l'ensemble de l'école accorde encore une si haute importance à l'information, on comprendra qu'il sera beaucoup plus facile à l'éducateur sexuel de s'en tenir à des données cognitives, évitant de ce fait presque tous les reproches qu'on pourrait lui faire s'il avait osé aborder l'éducation des attitudes, des valeurs et des conduites sexuelles. Comment ne pas craindre alors que s'appliquent à l'éducation sexuelle ces mots de Marshall McLuhan :

> L'éducation scolaire traditionnelle déploie un impressionnant éventail de moyens propres à susciter en nous un dégoût pour n'importe quelle activité humaine, aussi attrayante soit-elle au départ. [22]

On se méprend souvent sur la valeur *ancillaire* de l'information sexuelle, croyant à tort qu'elle peut, d'elle-même, introduire à une intégration de la sexualité [23].

La deuxième difficulté que nous entrevoyons relève de l'organisation scolaire. De par son souci plus éducatif qu'informatif, l'éducation sexuelle aura aussi comme tâche de transformer l'école elle-même. Pour certains, il deviendra vite évident que l'éducation sexuelle, de pair avec la formation de la personne, constitue un « cheval de Troie », poussé à l'intérieur de la forteresse de la connaissance. Conséquemment, l'éducateur sexuel, en plus d'avoir à s'occuper des élèves, devra réclamer des arrangements scolaires (horaires, locaux, nombre de périodes, etc.), susceptibles de lui permettre de mener à bien une tâche d'*éducation,* et non pas d'*information.* Puisqu'il sera « exception », il lui faudra, souvent seul, consacrer beaucoup de temps et d'énergies à convaincre des administrateurs scolaires, habitués à un régime cognitif, de ce que l'éducation sexuelle, et l'éducation tout court aussi, exige des dispositions tout autres que la simple information. Qu'on pense à la question des « examens » ; osera-t-on vérifier, en fin d'année le *savoir-faire sexuel* ou le *savoir-être sexuel* des élèves ? Si on se contente de ne vérifier que leur « savoir simple », c'est-à-dire, les informations sexuelles, on encourage alors l'éducateur à s'occuper surtout de l'information, et l'on retombe dans la première difficulté que nous avons signalée.

La dimension affective

Sans qu'il s'agisse d'une nouvelle « difficulté », nous croyons utile de formuler une remarque sur l'*affectif.* Avec assez d'à-propos, le document du Comité catholique a voulu bien distinguer entre l'éducation sexuelle et l'éducation religieuse et morale, plaçant entre ces deux avenues de l'éducation des liens incontestables. On est heureux aussi de pouvoir lire que l'éducation sexuelle n'épuise pas tous les autres efforts d'éducation, qu'elle ne « concerne qu'un aspect, important mais non exclusif, du développement de la personne » (CCEX 2.4). C'est aussi avec justesse qu'on fait remarquer que la sexualité comporte une dimension affective importante, et qu'elle ne saurait être réduite à la génitalité (CCEX 1.2).

Cependant, une équation trop rapide entre éducation sexuelle et éducation affective risque de laisser croire que seul le domaine sexuel est susceptible d'affectif. Tout au long du document, le Comité catholique laisser planer ce quiproquo ; qu'on prenne pour exemple l'association fréquente des mots « développement sexuel et affectif » (CCEX, Introduction au chapitre 4 et Introduction au chapitre 5) ; dans la série d'objectifs généraux qu'on propose à l'éducation sexuelle scolaire, on retrouve encore cette confusion, puisque l'éducation sexuelle devra rendre le jeune « capable de maîtriser les expressions génitales et affectives qui montent en lui » (CCEX 6.3). Quant à nous, nous croyons téméraire de laisser croire que l'éducation sexuelle, à elle seule, puisse assurer *toute* l'éducation affective du jeune, comme il nous semblerait tout aussi aléatoire de rendre l'éducation religieuse responsable de toute l'éducation politique du jeune.

À ce chapitre, des distinctions s'imposent ; autrement, on risque de faire de l'éducation sexuelle un fourre-tout impossible à définir, servant de cataplasme à un système scolaire incapable de s'occuper spécifiquement de l'éducation affective.

Sans chercher à constituer ici un dossier complet sur l'éducation affective, nous croyons utile de suggérer quelques jalons. La philosophie contemporaine nous rappelle que l'*être-humain* se définit et se développe dans l'interaction avec son milieu physique et humain. L'humain est mutuel ; il repose sur un constant *dialogue* [24] avec la réalité environnante. Il est moins cette monade subsistante qu'une « polyade » en constante inter-relation. Cette co-expérience de la vie, la sexualité, et surtout la génitalité, peuvent en présenter des dimensions éclairantes, et en ce sens, l'éducation sexuelle participe à l'éducation affective. Mais à lui seul, l'angle sexuel n'épuise pas tout l'humain ; l'éveil à soi, à la signification de ses expériences internes et à leur situation par rapport à autrui nécessite beaucoup plus que l'éducation de la sexualité, même si à certains moments du développement, la sexualité peut concentrer presque toutes les attentions. Dès lors, tout en gardant une facette sexuelle, l'éducation à l'appréciation de soi, l'éducation à l'équilibre interne, l'éducation à l'empathie, l'éducation à la compétence interpersonnelle, l'éducation des émotions et des sentiments, en somme, l'éducation affective garde une spécificité propre. Nous osons espérer que l'école de demain, contrairement à celle d'aujourd'hui, prendra le risque d'éduquer en ce domaine.

Carences

L'excellence du document que nous propose le Comité catholique sur l'éducation sexuelle ne doit pas, pour autant, nous faire négliger certaines lacunes, les unes mineures, les autres plus lourdes de conséquences. Nous retiendrons trois peccadilles et un manquement plus grave.

Mystère

Lorsque le Comité catholique parle du « mystère » de la sexualité humaine (CCEX 7.9), on peut croire qu'il applique trop aisément, à la sexualité, le mystère des relations interpersonnelles. Nous convenons que reste énigmatique le fait que l'*être-au-monde* repose, pour l'humain, sur un *être-avec*. Participant à l'*être-au-monde* par l'identité sexuelle et à l'*être-avec* par l'union à laquelle elle convie, la sexualité invite à la découverte constante de soi et de l'autre sous un mode nouveau. Cependant, que la *symbolique* de l'être-sexué et du geste génital participe à un mystère n'empêche pas cette sexualité et cette génitalité de comporter des paramètre susceptibles d'explication et de catégorisation. C'est cette face encore grandement inconnue de la sexualité et de la génitalité que veut dévoiler la sexologie, consciente que puisse exister, selon l'expression de Louis Lavelle, un « au-delà des corps » [25], mais sachant bien aussi que c'est dans le corps et par lui que cet *au-delà peut* être vécu [26]. En ce sens, nous ne sommes pas disposé à entériner sans nuances l'affirmation que « la sexualité est une réalité mystérieuse et elle le sera toujours ». (CCEX 7.9)

Nature

En filigrane, il nous a semblé reconnaître dans le document du Comité catholique un naturalisme sexuel qui a peine à se dégager d'une certaine gangue traditionnelle. Ainsi, la sexualité constitue une « dimension fondamentale de la condition humaine » (CCEX 1.1) ; elle n'a pas encore, comme l'intelligence, acquis le statut de *richesse* à développer. De même, après avoir noté que l'éducation sexuelle « ne vise ni à dompter ni à réprimer les pulsions et désirs sexuels comme s'ils étaient des intrus gênants et sauvages » (CCEX 1.4), le document parlera de « l'*humanisation* des pulsions sexuelles » (CCEX 1.4), laissant peut-être suggérer que la *multiplication* de ces « pulsions » risquerait de devenir gênante. Dans le même sens, le document propose une synthèse harmonieuse du plaisir et de l'amour (CCEX 1.5). Il semble ici que les appels au plaisir et au désir fournis par l' « instinct sexuel » [27] soient suffisants, et qu'après avoir assuré leur bonne orientation, il n'y ait pas lieu de se préoccuper de leur accroissement. Certes, nous ne croyons pas que l'amplification du plaisir génital conduit *ipso facto* à un élargissement de la capacité d'aimer ; mais nous ne voyons pas comment cette amplification (ici toute théorique), peut d'elle-même empêcher que se réalise une « synthèse harmonieuse » (CCEX 1.5) entre le plaisir et l'amour. Enfin, le document souhaite que « tout au long du processus de maturation sexuelle », « s'intégreront dans une personnalité devenant capable de tendresse et d'amour », « instincts, désir, plaisir, relation, engagement » (CCEX 1.7). On ne se préoccupe pas ici, comme on le fait souvent pour l'intelligence et l'imagination, de proposer, en plus d'une harmonieuse synthèse, un développement des composantes. La sexualité demeure ici un donné (naturel) à intégrer ; mais elle ne constitue pas encore un domaine à explorer, et encore moins une richesse à développer [28].

On comprend, dès lors, pourquoi le document devient un peu incommodé lorsqu'il décrit, dans les objectifs de l'éducation sexuelle scolaire, les « capacités à acquérir » ; ces capacités demeurent principalement de type *cognitif :* « capacité de parler des phénomènes sexuels dans un vocabulaire exact... », « capacité de reconnaître les manifestations de la sexualité... » (CCEX 6.6). Sous le couvert de la garantie offerte par d'autres disciplines, (l'expression corporelle et l'éducation physique), le Comité catholique risquera une volonté d'aider le jeune à « habiter son corps » et à devenir capable de gestes et de comportements signifiants (CCEX 6.6). L'appel à la qualité d'une gestuelle sexuelle [29] semble alors ne plus relever des préoccupations de l'éducation sexuelle scolaire, mais relever d'organismes qui, en dehors de l'école, prendront en charge les angles pragmatiques (voir CCEX 10.5). Il y a ici une incohérence que la pratique de l'éducation sexuelle à l'école devra tôt ou tard solutionner. Ou bien on ignorera cette distinction du Comité catholique, ou bien on réduira l'éducation sexuelle scolaire à une série d'exercices cérébraux qui ne pourront que donner raison à Marshal McLuhan, c'est-à-dire conduire, par une canalisation sur les seules « habiletés mentales », à une conception asséchée et aseptisée de ce qu'est la vie sexuelle humaine.

Recherche

Dans son rapport annuel de 1969-1970, le Conseil supérieur de l'Éducation indique que la réforme de l'école passe par la recherche. À cet effet, le Conseil écrit :

> Seule (la recherche) peut se mettre en quête des facteurs qui entretiennent la médiocrité des résultats obtenus dans la situation actuelle ; seule elle peut tenter d'ouvrir d'autres voies, de faire entrer en jeu des facteurs jusqu'ici ignorés, inconnus ou négligés, inventer des techniques pédagogiques nouvelles, suggérer ou créer de nouveaux environnements éducatifs. [30]

Le Conseil consacre plusieurs pages à détailler l'urgente nécessité d'effectuer des recherches pédagogiques, car il sait trop bien que la recherche est demeurée « au second plan durant la première phase de la réforme scolaire » [31].

Sur la question recherche, le document du Comité catholique sur l'éducation sexuelle scolaire demeure dans l'esprit d'hier ; il a tout simplement omis cette dimension. Certes, le programme de « formation personnelle, familiale, civique et économique », mis au point en 1971 par la D.G.E.E.S. a été approuvé par le Comité catholique en juin 1972 avec la mention : « à titre expérimental » ; c'était une invitation discrète à la recherche. Cependant, depuis lors, c'est sur le programme lui-même qu'a porté l'expérimentation, négligeant les autres facteurs susceptibles d'en conditionner et l'application et l'efficacité.

La recherche en éducation sexuelle scolaire ne constitue pas un luxe que seule une ère d'opulence peut permettre ; elle est une *nécessité,* d'autant plus qu'il s'agit ici d'une discipline nouvelle qui ne sera peut-être pas vraiment efficace si on lui applique naïvement des méthodologies issues d'autres disciplines. Si elle veut participer pleinement à la « deuxième phase » de la réforme scolaire, l'éducation sexuelle devra susciter des recherches sur son programme, mais

Commentaire sur le document du C.C.

aussi sur les méthodologies, sur la qualité des outils pédagogiques — livres, films, disques, etc. —, sans oublier la question fort délicate de la détermination des paramètres du professeur-animateur idéal en ce domaine.

La régionalisation des programmes que suggère le Comité catholique (CCEX 8.3) ne pourra d'ailleurs devenir réalité que si l'on provoque des recherches pour bien connaître chaque milieu en particulier, à moins qu'on ne se contente, comme c'est souvent la coutume au Québec, de se fier à l'*intuition* de tel ou tel administrateur de la chose scolaire.

Nous nous permettons ici une note sur la question des instruments didactiques. Le document signale qu'on devra s'interroger sur la qualité du matériel didactique pour l'éducation sexuelle. Il oublie cependant de signaler qu'il y aurait lieu, en ce domaine, d'encourager une production québécoise, de sorte que l'on n'assiste pas à un « dumping » de matériel étranger, créé pour des milieux différents du nôtre. Certains livres d'éducation sexuelle [32], comme certains films d'éducation sexuelle [33] conviennent très mal au Québec d'aujourd'hui, quand il ne sont pas tout simplement d'un *quétaine* à faire pleurer !

L'éducateur/sexologue

Au chapitre 9 de son document, le Comité catholique répond à la question : à qui confier l'éducation sexuelle [à l'école] ? Au niveau élémentaire, c'est au titulaire que reviendrait cette tâche ; au secondaire, c'est à « l'éducateur chargé du cours sur la formation humaine et sociale » (CCEX 9.2). Et le Comité catholique se fait plus explicite ; en plus des qualités d'animation propre à tout éducateur, le document signale qu'ici la compétence s'accompagne d'une attention aux jeunes et d'un savoir sexologique bien assis (CCEX 9.3).

Le document mentionne en outre, qu'il sera « indispensable que les enseignants appelés à dispenser l'éducation sexuelle reçoivent une préparation adéquate » (CCEX 9.7), précisant que c'est aux plans du savoir, du savoir-faire et de l'être que devront être formés ces éducateurs.

Et comme entraîné par son élan, le Comité catholique souhaite que tous les éducateurs soient mieux équipés pour une occasionnelle intervention en éducation sexuelle. En effet, « puisque tous les professeurs peuvent être amenés un jour ou l'autre à devenir des éducateurs occasionnels d'une sexualité explicite », le Comité catholique suggère que soient organisées « des sessions et journées de sensibilisation non seulement à l'intention des maîtres chargés d'éducation sexuelle, mais aussi à l'intention de l'ensemble des éducateurs » (CCEX 9.8).

L'échafaudage de la répartition des tâches proposé par le Comité catholique, tout admirable qu'il soit, risque de s'écrouler à plus ou moins brève échéance, lorsque l'on en néglige la clé de voûte. Il nous semble illusoire de croire que sans chef de groupe, les divers responsables de l'éducation sexuelle pourront en arriver à une pédagogie sexuelle de qualité dont les efforts seront à la fois bien adaptés aux jeunes et bien ajustés les uns aux autres. Il faut plus qu'un programme-cadre pour que des éducateurs sexuels, même regroupés en équipe, en arrivent à formuler les éléments quotidiens d'une éducation sexuelle de qualité. C'est pourquoi nous croyons essentiel que CHAQUE ENSEMBLE SCOLAIRE [34] SOIT DOTÉ D'UN ÉDUCATEUR/SEXOLOGUE dûment qualifié, dont la tâche pourrait comporter trois volets.

1° D'abord, l'éducateur/sexologue sera une personne ressource, *disponible à proximité,* susceptible ainsi de promouvoir une réaliste formation continue de tous les éducateurs qui auront à s'occuper directement d'éducation sexuelle. Comment ne pas craindre en effet qu'on applique ici le style malheureusement trop connu de formation « à la va-vite », qui se résume en une session de quelques jours — et parfois de quelques heures —, session fort utile comme effort de sensibilisation, mais tout à fait incapable d'assurer une formation à la fois solide et adaptée à chaque niveau scolaire. La présence d'un éducateur/sexologue auprès des éducateurs d'un ensemble scolaire évitera ces recyclages hors contexte, où le notionnel est roi, capables certes de rendre l'éducateur mieux informé, mais qui le laissent bien démuni quant au quotidien de sa tâche.

Nous convenons avec le Comité catholique de ce qu'il « faut éviter que la personne chargée de cet enseignement soit « parachutée » et ne rencontre les étudiants que pour ce cours » (CCEX 9.2), et que pour les élèves, « le recours à un spécialiste représente un inconvénient sérieux » (CCEX 9.2). Cependant, pour les enseignants, le recours aisé à un spécialiste *à proximité* d'eux ne peut présenter que des avantages incontestables, surtout lorsqu'on garde à l'esprit qu'il faudra ici non seulement inventer des méthodologies nouvelles, mais encore adapter à chaque région, sinon à chaque école, le contenu du programme d'éducation sexuelle (CCEX 8.3).

2° Le Comité catholique rappelle, en fin de document, qu' « il est capital de chercher à établir un réseau de confiance et de communication entre parents et éducateurs scolaires » (CCEX 10.1). Il indique comme nécessaires des « rencontres d'information et d'échange » (CCEX 10.2) entre les parents et les éducateurs scolaires. « Ce sera l'occasion, affirme-t-il, d'approfondir le bien-fondé et les orientations de l'éducation sexuelle scolaire, de préciser ses conditions de réalisation et de déterminer les modes concrets de collaboration entre l'école et les familles » (CCEX 10.3).

Préoccupés de toutes les dimensions de l'éducation des jeunes, le titulaire et les éducateurs chargés de la formation humaine et sociale risquent ici de ne trouver ni le temps ni les énergies nécessaires pour provoquer des rencontres vraiment efficaces. À moins de voir ces « nouvelles » rencontres se résoudre à l'une ou l'autre soirée monotone, axée plus sur l'information des parents que sur la concertation avec eux, on doit ici faire appel à quelqu'un dont la tâche consiste partiellement à assurer la continuité des échanges parents-école.

L'éducateur/sexologue d'un ensemble scolaire n'aurait certes pas à servir d'intermédiaire entre les parents et les enseignants, mais il pourrait faire en sorte qu'on évite l'occasionnel futile de certaines rencontres impersonnelles. L'éducateur/sexologue assurerait la continuité de la concertation école-parents, même au prix de rencontres plus intimes, au niveau d'un quartier ou même d'une rue, dans des locaux et à des heures susceptibles de rendre la participation parentale significative. Qu'on ne se leurre pas ; il faut à ce chapitre faire œuvre d'imagination et ne pas se contenter de décrire théoriquement les bienfaits de la collaboration parents-école. Si l'on ne prend pas les mesures qui s'imposent pour rendre facile la participation des parents à la chose scolaire, on risque de n'avoir que ce semblant de participation, tout juste capable d'attirer, dans une salle de récréation aux chaises droites et inconfortables, une minorité de parents souvent des mieux avertis, et de laisser pour compte tous ces parents étrangers à la chose scolaire, avec qui on souhaite « établir un lien soutenu » (CCEX 10.1) [35].

3° Le dernier volet de la tâche de l'éducateur/sexologue se situe à la frontière entre les services pédagogiques et les services de santé. Tout au long de sa proposition sur l'éducation sexuelle scolaire, le Comité catholique entrevoit, chez les jeunes, *un seul type* de développement sexuel : c'est-à-dire le développement harmonieux. L'éducation sexuelle vient alors épauler ce développement de l'être-homme et de l'être-femme. La réalité nous rappelle cependant qu'ici ou là, le développement sexuel individuel peut présenter des complications d'un ordre particulier. L'éducation sexuelle générale est alors de peu de secours. On doit plutôt envisager, dans ces cas, une individualisation de l'éducation sexuelle, qui s'efforcera de dissoudre le point qui fait obstacle, et qui peut parfois se transformer en une rééducation sexuelle.

Le Comité catholique n'a pas prévu de mécanisme pour aider l'élève dont le développement sexuel serait plus embrouillé. L'éducateur régulier ne peut lui apporter, en fin de journée, qu'un soutien très occasionnel. Certes, cet étudiant pourra s'adresser, dans les grandes écoles, aux services de l'orthopédagogie, aux services de santé, aux services de l'aide aux étudiants ou encore aux services d'aumônerie. Nous ne doutons pas que les responsables de ces services pourront lui donner de judicieux conseils, encore que leur formation ne les a pas rendus particulièrement attentifs au développement sexuel général, ni aux multiples heurts que peut subir le développement sexuel d'un individu.

Nous pensons que l'éducateur/sexologue pourra ici assurer deux types d'aide. Pour les jeunes aux prises avec un développement sexuel plus erratique, l'éducateur/sexologue, initié de par sa formation aux mécanismes du développement psychosexuel et au doigté du counselling en cette matière, pourra procéder à une individualisation de l'éducation sexuelle, s'attachant à clarifier et à dénouer le ou les points qui font obstacles.

La formation de l'éducateur/sexologue lui permet aussi de déceler les cas ou le développement sexuel présente des perturbations plus graves, qu'on ne saurait éliminer dans le hachuré du contexte scolaire. Capable d'un diagnostic plus sûr, l'éducateur/sexologue ne s'engagera pas dans une vaine tentative pour aider superficiellement les étudiants aux prises avec ces difficultés, mais il les invitera à avoir recours à un thérapeute sexuel plus spécialisé.

Commentaire sur le document du C.C.

Beaucoup craindront que l'école ouvre la porte à un nouveau « spécialiste », alors que l'éducation québécoise réclame des « généralistes » de qualité. Nous ferons remarquer à ces gens que l'éducateur/sexologue vient justement combler leurs désirs parce qu'il ne s'adresse pas directement aux élèves [36], et ainsi ne risque pas de « compartimenter » encore plus l'éducation des jeunes québécois. Dans la description que nous avons esquissée de sa tâche, l'éducateur/sexologue vient justement aider les enseignants et les milieux scolaires locaux à mieux remplir leur tâche d'éducation, en aidant les « généralistes », et en rendant possible une concertation des énergies éducatives. On est alors très loin de cette surspécialisation qu'on a raison de dénoncer.

De plus, de par sa proximité et son insertion dans un ensemble scolaire particulier et bien délimité, l'éducateur/sexologue ne court pas les dangers de ces agents de développement pédagogique qui venaient de loin et que leur étrangeté rendait déjà suspect. Tel que nous l'avons proposé, l'éducateur/sexologue prend racine dans un milieu délimité dont il sait découvrir les points forts et les points faibles, sans chercher à y imposer des conceptions éducatives élaborées en tour d'ivoire. Régionaliser et décentraliser l'éducation ne sont pas pour lui des mots ; au contraire le sens de son action veut justement capitaliser sur les ressources du milieu, dont il sera membre à part entière.

Conclusion

En guise de conclusion, nous nous contenterons de souhaiter que le Ministère de l'Éducation accueille avec la plus grande attention le document du Comité catholique sur *l'éducation sexuelle dans les milieux scolaires catholiques du Québec,* et surtout qu'il y donne suite dans un avenir qu'on espère prochain. Faisons aussi le vœu que la proposition du Comité catholique ne soit pas défigurée au profit de visées politiques partisanes, et qu'elle ne subisse pas, dans la concrétude de son application, l'appauvrissement qu'ont connu déjà de nombreux projets. Car alors il faudrait dire avec le poète :

> *On se plaint en pensant au passé ;*
> *on se plaindrait davantage si on songeait à l'avenir !*

> Li T'ai-Po (700 av.jc.)

Jean-Marc Samson 107

Notes

1. [Sœur Saint-Ladislas], *Aux Petits du Royaume. Essai pratique de méthodologie catéchistique,* Trois-Rivières, Éditions du Bien Public, 1945, tome 5, page 86.

2. *Les passions de l'enfance,* Montréal, Fides, 1946, page 85.

3. P. Élisée, *Prenez garde à l'amour,* Montréal, Le Centre Familial, 1946, page 28.

4. *Notes du Comité permanent sur l'enseignement secondaire (années 1935 et 1936),* Montréal, Conseil de la Faculté des Arts de l'Université de Montréal, 1937, page 39.

5. Pour un relevé plus complet des écrits de cette époque, voir : Jean-Marc Samson, « *L'éducation sexuelle au Québec de 1935 à 1950* », rapport de recherche non publié, Montréal, 1963, 129 p.

6. Ernest Gagnon, « Infantilisme religieux », dans l'*Action Nationale,* vol. 35, 1950, page 180.

7. Aux yeux d'un observateur étranger, le Québec de 1942 « is more foreign to Americans than is France, for it is essentially foreign also to the 20th century. » (« French Canada », dans *Life* 19 octobre 1942, page 103). L'idée alors répandue chez nous que nous possédions « le meilleur système d'éducation au monde » n'a certes pas contribué à susciter les innovations qui s'imposaient.

8. En 1945, une vaste campagne de pureté est mise sur pied au Québec ; elle touche autant l'école que la taverne.

9. Directive du 30-07-1973 [DGESS, Progr. 73-86]. Cette lettre aux commissaires d'écoles leur rappelle que seules quelques écoles ont reçu l'autorisation explicite d'expérimenter dans le domaine du développement sexuel.

10. En mars 1971, un rapport d'enquête non publié, de la Direction Générale de l'Enseignement Élémentaire et Secondaire, intitulé : *L'éducation sexuelle à l'élémentaire et au secondaire dans les écoles de la Province de Québec,* mentionne que 72% des 1122 écoles qui ont répondu au questionnaire, faisaient de l'éducation sexuelle scolaire ; dans 51.1% des cas, cet enseignement se faisait à l'occasion de l'enseignement religieux ; cependant, dans 4.5% des cas, il s'agissait d'un cours spécifique d'éducation sexuelle.

11. La récente polémique sur le diaporama « Masculin-Féminin », créé et distribué par le Ministère des Affaires Sociales du Québec, a permis de constater que beaucoup d'écoles avaient, grâce à cet instrument, ouvert leurs portes à l'éducation sexuelle.

12. Conseil supérieur de l'Éducation du Québec, *L'activité éducative, Extrait du rapport annuel 1969/1970,* Québec, Ministère des communications, 1974, page 74.

13. *Rapport de l'OCDE,* cité par Claude Ryan dans *Le Devoir,* 6 avril 1976, page 4.

14. Nos commentaires portent sur la version de janvier 1976, c'est-à-dire celle qui a été remise au Ministre de l'Éducation.

15. L'usage de l'adjectif possessif n'implique pas ici que le québécois possède une sexualité particulière ; cependant, comme humain, il a autorité dans la définition qu'il donne au phénomène sexuel.

16. Sur ce sujet, on pourra consulter les quelques réflexions que nous proposons dans l'article publié ci-après dans la section « Documents ».

17. D.G.E.S.S., *Orientations et travaux à exécuter dans le but de compléter les éléments de la politique d'éducation sexuelle scolaire*, Québec, Ministère de l'éducation, [miméographié], avril 1975, page 125.

18. Sacrée Congrégation pour la Doctrine de la foi, *Déclaration sur certaines questions d'éthique sexuelle*, Cité du Vatican, 1975, 20 pages.

19. Par exemple le programme PS 151, suggéré par les Services de l'Éducation permanente du Ministère de l'Éducation ; trop souvent, cependant, ce cours est négligé par les Commissions Scolaires dans l'éventail de cours qu'elles proposent aux écoles.

20. Commission royale d'enquête sur l'enseignement dans la province de Québec, *Rapport. Deuxième partie, tome II*, Québec, Ministère de l'Éducation, paragraphe 1025.

21. Quant à nous, nous avons déjà présenté dans le même sens, une gamme plus élaborée d'arguments, dans notre article : « Le rôle particulier de l'école en éducation sexuelle », dans *Médecine et Hygiène. Journal suisse d'informations médicales*, vol. 33, no 1162, 23 septembre 1975, pages 1328-1330.

22. Marshall McLuhan, *Mutations 1990* Trad. François Chesneau, Montréal, Éditions HMH, 1969, page 47.

23. Nous avons déjà discuté longuement de ce point dans notre article : « Les objectifs de l'éducation sexuelle scolaire » dans Jean-Marc Samson, (directeur), *L'Éducation sexuelle à l'École ?*, Montréal, Éditions Guérin, 1974, pages 75-111.

24. Cf. Martin Buber, *La vie en dialogue*, Trad. Jean Loewenson-Lavi, Paris, Aubier, (c 1969), page 237.

25. Louis Lavelle, *Conduite à l'égard d'autrui*, Paris, Albin Michel, 1957, page 187.

26. On comprendra que nous ne voulons pas ici faire de l'orgasme un gage de salut ; mais nous demeurons persuadés que même « transcendés », l'*être-homme* et l'*être-femme* ne perdent pas leur signification.

27. Personnellement, nous supportons le concept d'un « instinct sexuel », autant que nous encourageons la reconnaissance d'un instinct cardiaque, qui, irrésistiblement, pousserait le cœur d'une systole à l'autre !

28. Débordons-nous ici de la problématique interne du document pour tomber dans la deuxième forme de déviance que nous dénoncions en début d'article ? Il se peut que notre critique dépasse le document, et qu'elle s'adresse à la conception sociale actuelle de la sexualité. Si tel est le cas, que le Comité Catholique veuille bien nous en excuser.

29. S'abusera celui qui croit que nous faisons par ces mots référence à un athlétisme sexuel, ou encore à une thérapie sexuelle inspirée d'*Esalem* ou de *Masters et Johnson.*

30. Conseil supérieur de l'Éducation, *Rapport annuel 1969/1970,* Québec, Ministère des communications, 1974, page 58.

31. *Idem,* page 59.

32. Entre autres, signalons la série en 5 tomes de l'*Encyclopédie de la Sexualité,* publiée par Hachette, en 1973, qui accole à une imagerie souvent excellente, un texte généralement très pauvre.

33. Par exemple les séries I et II de *Vie de famille et éducation sexuelle,* films éducatifs produits par Moreland-Lachtford, qui en plus d'être souvent fastidieux, sont très mal adaptés à la réalité québécoise.

34. Il n'y a pas lieu de fixer ici les limites de cet « ensemble scolaire » qui peut comprendre plusieurs petites écoles, ou un district, ou une région, ou encore une seule école polyvalente.

35. Nous sommes incertain ici quant au rôle que pourrait jouer le « Comité de parents » de chaque école ; le statut consultatif de ces Comités a pu laisser croire à plus d'un qu'il s'agit, *de facto* d'une gigantesque organisation de camouflage, rendant les administrateurs scolaires, commissaires et directeurs pédagogiques, encore plus inaccessibles par le citoyen moyen. Encore qu'il faille signaler que ces « comités » ont su, par leurs « tirages » donner à des groupes d'élèves des bénéfices que ne pouvait leur octroyer le système d'éducation d'aujourd'hui.

36. Encore qu'il ne faille pas exclure cette possibilité.

Documents

L'ENCYCLIQUE "HUMANAE VITAE" ET LA LOI NATURELLE

Guy-M. Bertrand

L'auteur dédie ces pages à la mémoire de son ancien maître Charles DeKoninck, doyen de la Faculté de philosophie à l'Université Laval, père de douze enfants, décédé à Rome au moment où il participait à la Commission consultative pour la préparation de l'encyclique Humanæ vitæ. *Il proposait déjà à cette Commission un élargissement du concept de « loi naturelle ».*

L'encyclique *Humanæ vitæ* pose plusieurs questions d'envergure sur l'usage des moyens anticonceptionnels, la morale sexuelle, le droit naturel et le Magistère pontifical. C'est un document auquel il faut revenir lorsque l'on pense à une refonte de la « morale classique ». L'exposé que l'on trouvera ici ne vise pas à faire un commentaire complet, mais à relever certains points d'importance en fonction du thème de ce numéro des *Cahiers*. Nous citons ici le texte de l'encyclique *Humanæ vitæ* (=HV) d'après l'édition canadienne de *L'Église aux quatre vents* (Fides, août 1968) en suivant la numérotation officielle des paragraphes, reproduite aussi dans l'édition canadienne.

La parution de l'encyclique *Humanæ vitæ* a provoqué dans l'opinion chrétienne mondiale les remous que l'on sait. De toute part, les réserves ou les protestations se sont exprimées, tant du côté des clercs que des laïcs, montrant que la « réception » de ce document n'était pas assurée dans l'Église. L'une des difficultés principales résidait assurément dans la conception de la « loi naturelle » à la base de ce document, et aussi dans le privilège quasi exclusif d'interprétation de cette loi naturelle, que le Souverain Pontife réclamait à cette occasion. Essayons de préciser cette difficulté.

Immoralité des moyens anticonceptionnels ?

L'essentiel de la difficulté réside en ceci : *le document condamne comme moralement mauvaise l'utilisation des moyens anticonceptionnels dans un but anticonceptionnel,* alors que de plus en plus dans le monde on a tendance à utiliser ces moyens, et à défendre leur légitimité lorsqu'ils sont employés pour des raisons valables. L'encyclique admet l'usage de la continence périodique avec l'intention avouée d'éviter la conception ; elle admet aussi certaines autres interventions dont l'effet peut être double, curatif et stérilisant, pourvu que l'aspect curatif prenne le pas sur l'aspect stérilisant. Mais elle n'admet aucun moyen anticonceptionnel, temporaire ou permanent, du côté de l'homme ou de la femme, utilisé avec le but premier d'éviter l'enfant, quelles que soient les raisons en cause.

Dans une approche pourtant plus positive que celle des siècles précédents, l'encyclique accorde que les buts principaux de l'union conjugale comprennent à la fois l'épanouissement des deux époux (par l'échange mutuel sur tous les plans) *avec* le devoir de la procréation, et que l'usage de la sexualité peut servir ces deux fins ; mais elle donne en pratique le pas à la procréation sur l'union sexuelle, au point d'interdire cette union quand la procréation est volontairement exclue, et cela parce que ce serait *agir contre la nature et contre l'intention de Dieu.*

C'est précisément ce qui est de plus en plus contesté, et l'encyclique n'a pas réussi à résoudre clairement la difficulté. Bien au contraire, la lecture du document nous laisse perplexes en face de la faiblesse des arguments exposés ; l'appel à la foi, qui suit un appel insatisfaisant à la raison droite et au bon sens chrétien, se justifie mal. Et tout cela résulte, nous en sommes de plus en plus convaincus, *non pas de la faiblesse de l'exposé, mais de la faiblesse de la position en elle-même.*

Revoyons rapidement les principaux paragraphes (HV/11-17).

La dissociation des fins dans l'acte conjugal

Le Pape rappelle d'abord que *selon la nature elle-même* il y a des temps où la sexualité s'exerce sans fécondité, et alors elle peut être utilisée pour les fins d'échanges entre les époux. Mais ils ne peuvent intervenir dans ce cours naturel :

> Ces actes, par lesquels les époux s'unissent dans une chaste intimité, et par le moyen desquels se transmet la vie humaine, sont, comme l'a rappelé le Concile, « honnêtes et dignes », et ils ne cessent d'être légitimes si, pour des causes indépendantes de la volonté des conjoints, on prévoit qu'ils seront inféconds : ils restent en effet ordonnés à exprimer et à consolider leur union. De fait, comme l'expérience l'atteste, chaque rencontre conjugale n'engendre pas une nouvelle vie. Dieu a sagement fixé des lois et des rythmes naturels de fécondité, qui espacent déjà par eux-mêmes la succession des naissances. Mais l'Église, rappelant les hommes à l'observation de la loi naturelle, interprétée par sa constante doctrine, enseigne que tout acte matrimonial doit rester ouvert à la transmission de la vie. (HV/11)

Nous avons ici *l'affirmation que la loi naturelle interdit de dissocier volontairement fécondité et sexualité dans le mariage.* Cette affirmation, souvent répétée dans l'encyclique, ne sera jamais prouvée clairement à notre avis, malgré les efforts faits en ce sens.

Après ce paragraphe, le texte poursuit en affirmant le « lien indissoluble » entre « union et procréation » :

> Cette doctrine, plusieurs fois exposée par le Magistère, est fondée sur le lien indissoluble que Dieu a voulu et que l'homme ne peut rompre de son initiative, entre les deux significations de l'acte conjugal : union et procréation. En effet, par sa structure intime, l'acte conjugal, en même temps qu'il unit profondément les époux, les rend aptes à la génération de nouvelles vies, selon des lois inscrites dans l'être même de l'homme et de la femme. C'est en sauvegardant ces deux aspects essentiels, union et procréation, que l'acte conjugal conserve intégralement le sens de mutuel et véritable amour et son ordination à la très haute vocation de l'homme à la paternité. Nous pensons que les hommes de notre temps sont particulièrement en mesure de comprendre le caractère profondément raisonnable et humain de ce principe fondamental. (HV/12)

Nous croyons qu'on ne peut parler de lien *essentiel* entre fécondité et sexualité dans le paragraphe 12 quand on admet au paragraphe précédent que ce lien n'existe pas de fait dans la plupart des cas, en vertu d'une provision de la nature elle-même. On sait bien que sur vingt actes conjugaux posés dans un mois, à peine trois peuvent être féconds. Il ne s'agit pas d'introduire ici artificiellement une contradiction entre les paragraphes 11 et 12 pour pouvoir les écarter plus facilement ensuite ; nous signalons ce qui nous semble être un véritable illogisme dans ce texte.

Le paragraphe suivant nous apporte, sous d'autres formes, une répétition des mêmes affirmations, sans y ajouter de preuve plus valable à nos yeux :

> On remarque justement, en effet, qu'un acte conjugal imposé au conjoint sans égard à ses conditions et à ses légitimes désirs n'est pas un véritable acte d'amour et contredit par conséquent une exigence du bon ordre moral dans les rapports entre époux. De même, qui réfléchit bien devra reconnaître aussi qu'un acte d'amour mutuel qui porterait atteinte à la disponibilité à transmettre la vie, que le Créateur a attachée à cet acte selon des lois particulières, est en contradiction avec le dessein constitutif du mariage et avec la volonté de l'Auteur de la vie. User de ce don divin en détruisant, fût-ce partiellement, sa signification et sa finalité, c'est contredire à la nature de l'homme comme à celle de la femme et de leur rapport le plus intime, c'est donc contredire aussi au plan de Dieu et à sa volonté. Au contraire, user du don de l'amour conjugal en respectant les lois du processus de la génération, c'est reconnaître que nous ne sommes pas les maîtres des sources de la vie humaine, mais plutôt les ministres du dessein établi par le Créateur. De même, en effet, que l'homme n'a pas sur son corps en général un pouvoir illimité, de même il ne l'a pas, pour une raison particulière, sur ses facultés de génération en tant que telles, à cause de leur ordination intrinsèque à susciter la vie, dont Dieu est le principe. « La vie humaine est sacrée, rappelait Jean XXIII ; dès son origine, elle engage directement l'action créatrice de Dieu. » (HV/13)

Le Pape n'explique pas pourquoi l'emploi d'un moyen anticonceptionnel est « contre nature », pourquoi cela « contredit au plan de Dieu », pourquoi « nous ne sommes pas les maîtres des sources de la vie humaine », et quelles sont « les limites que l'homme a sur son corps ». L'ensemble de ce paragraphe, avec la citation de Jean XXIII à la fin, nous laisse l'étrange impression d'un recours discutable à la notion du sacré, pour maintenir un tabou qu'on a du mal à justifier.

Bien sûr nous admettons que la vie est sacrée, bien sûr nous admettons que la sexualité engage *parfois* l'action créatrice de Dieu (lorsqu'il y a fécondité) ; mais nous ne pouvons comprendre pourquoi cela enlèverait à l'homme le droit de chercher à limiter la fécondité en fonction de ses moyens et de ses capacités physiques, psychologiques, sociales et morales.

Le paragraphe 14 arrive alors comme une conclusion qui s'accepte mal ; et il a en plus le tort de débuter par la condamnation de l'avortement, comme si cela découlait logiquement des raisonnements précédents, alors qu'elle ferait mieux partie d'un autre contexte :

> En conformité avec ces points fondamentaux de la conception humaine et chrétienne du mariage, Nous devons encore une fois déclarer qu'est absolument à exclure, comme moyen licite de régulation des naissances, l'interruption directe du processus de génération déjà engagé, et surtout l'avortement directement voulu et procuré, même pour des raisons thérapeutiques. (HV/14a)

Ensuite, avec l'appui *apparent* de cette première condamnation, sont écartés la stérilisation directe et tous les autres moyens anticonceptionnels :

> Est pareillement à exclure, comme le Magistère de l'Église l'a plusieurs fois déclaré, la stérilisation directe, qu'elle soit perpétuelle ou temporaire, tant chez l'homme que chez la femme. Est exclue également toute action qui, soit en prévision de l'acte conjugal, soit dans son déroulement, soit dans le développement de ses conséquences naturelles, se proposerait comme but ou comme moyen de rendre impossible la procréation. (HV/14bc)

Les interdictions ici portées nous semblent *assez claires et assez fermes pour rendre injustifiables les interprétations « bénignes » et les essais de réduction de ce texte à l'ordre de l'idéal et des conseils,* comme cela s'est fait plus d'une fois dans des commentaires théologiques ou « pastoraux », au mépris du sens commun et de l'honnêteté intellectuelle. Il aurait mieux valu admettre carrément la condamnation évidente et radicale portée ici par le Pape, et dire ensuite franchement si on voulait la suivre ou pas.

Ainsi les moyens thérapeutiques anticonceptionnels seraient permis seulement lorsque l'intention n'est pas anticonceptionnelle :

> L'Église, en revanche, n'estime nullement illicite l'usage des moyens thérapeutiques, vraiment nécessaires pour soigner des maladies de l'organisme, même si l'on prévoit qu'il en résultera un empêchement à la procréation, pourvu que cet empêchement ne soit pas, pour quelque motif que ce soit, directement voulu. (HV/15)

Mais le Pape admet plus loin que des raisons physiques, psychologiques et morales peuvent permettre de s'opposer à la fécondité par des moyens « licites », en l'occurrence la seule continence périodique :

> Si donc il existe, pour espacer les naissances, de sérieux motifs dus aux conditions physiques ou psychologiques des conjoints, ou à des circonstances extérieures, l'Église enseigne qu'il est alors permis de tenir compte des rythmes naturels, inhérents aux fonctions de la génération, pour user du mariage dans les seules périodes infécondes et régler ainsi la natalité sans porter atteinte aux principes moraux que Nous venons de rappeler. (HV/16c)

Le raisonnement qui suit est loin d'être aussi conséquent qu'on l'affirme :

> L'Église est conséquente avec elle-même quand elle estime licite le recours aux périodes infécondes, alors qu'elle condamne comme toujours illicite l'usage des moyens directement contraires à la fécondation, même inspiré par des raisons qui peuvent paraître honnêtes et sérieuses. En réalité, il existe entre les deux cas une différence essentielle : dans le premier cas, les conjoints usent légitimement d'une disposition naturelle ; dans l'autre cas ils empêchent le déroulement des processus naturels. Il est vrai que, dans l'un et l'autre cas, les conjoints s'accordent dans la volonté positive d'éviter l'enfant pour des raisons plausibles, en cherchant à avoir l'assurance qu'il ne viendra pas ; mais il est vrai aussi que dans le premier cas seulement ils savent renoncer à l'usage du mariage dans les périodes fécondes quand, pour de justes motifs, la procréation n'est pas désirable, et en user dans les périodes agénésiques, comme manifestation d'affection et sauvegarde de mutuelle fidélité. Ce faisant, ils donnent la preuve d'un amour vraiment et intégralement honnête. (HV/16d)

Le paragraphe 17 amène certaines raisons d'ordre social pour appuyer cette doctrine ; mais ici encore les affirmations et raisonnements nous paraissent contestables et pourraient affaiblir la thèse plutôt que l'appuyer :

> Les hommes droits pourront encore mieux se convaincre du bien-fondé de la doctrine de l'Église en ce domaine, s'ils veulent bien réfléchir aux conséquences des méthodes de régulation artificielle de la natalité.
>
> Qu'ils considèrent d'abord quelle voie large et facile ils ouvriraient ainsi à l'infidélité conjugale et à l'abaissement général de la moralité. Il n'est pas besoin de beaucoup d'expérience pour connaître la faiblesse humaine et pour comprendre que les hommes — les jeunes, en particulier, si vulnérables sur ce point — ont besoin d'encouragement à être fidèles à la loi morale, et qu'il ne faut pas leur offrir quelque moyen facile pour en éluder l'observance. On peut craindre aussi que l'homme, en s'habituant à l'usage des pratiques anticonceptionnelles, ne finisse par perdre le respect de la

femme et, sans plus se soucier de l'équilibre physique et psychologique de celle-ci, n'en vienne à la considérer comme un simple instrument de jouissance égoïste, et non plus comme sa compagne respectée et aimée. (HV/17ab)

Encore une fois ce raisonnement ressemble au processus de fabrication des tabous : le législateur religieux déclare *intrinsèquement mauvaise* une pratique dont il craint les *effets,* et pour éviter que la masse, trop bornée pour comprendre et trop faible pour observer le précepte, ne le mette en question, il demande la confiance. La même motivation paraît jouer dans le passage qui suit :

> Qu'on réfléchisse aussi à l'arme dangereuse que l'on viendrait à mettre ainsi aux mains d'Autorités publiques peu soucieuses des exigences morales. Qui pourrait reprocher à un Gouvernement d'appliquer à la solution des problèmes de la collectivité ce qui serait reconnu permis aux conjoints pour la solution d'un problème familial ? Qui empêchera les Gouvernants de favoriser et même d'imposer à leurs peuples, s'ils le jugeaient nécessaire, la méthode de contraception estimée par eux la plus efficace ? Et ainsi les hommes, en voulant éviter les difficultés individuelles, familiales ou sociales que l'on rencontre dans l'observation de la loi divine, en arriveraient à laisser à la merci de l'intervention des Autorités publiques le secteur le plus réservé de l'intimité conjugale.
>
> Si donc on ne veut pas abandonner à l'arbitraire des hommes la mission d'engendrer la vie, il faut nécessairement reconnaître les limites infranchissables au pouvoir de l'homme sur son corps et sur ses fonctions ; limites que nul homme, qu'il soit simple particulier ou revêtu d'autorité, n'a le droit d'enfreindre. Et ces limites ne peuvent être déterminées que par le respect qui est dû à l'intégrité de l'organisme humain et de ses fonctions, selon les principes rappelés ci-dessus et selon la juste intelligence du « principe de totalité » exposé par notre prédécesseur Pie XII. (HV/17cd)

Nous tenons peut-être dans les lignes qui précèdent les raisons inavouées (et même inconscientes) de l'étrange quiproquo sur lequel semble reposer l'encyclique : parce que l'on craint que l'homme public ou privé ne puisse pas ou ne veuille pas voir les *conséquences* sociales de la contraception, on tente de la bloquer à la source par une interdiction dominée par la foi. Mais quelle foi ?

Les sources de preuve

Il y avait deux sources possibles de preuve pour établir ce point en doctrine chrétienne : *la Sainte Écriture* et *le droit naturel ;* et l'encyclique le reconnaît :

De telles questions exigeaient du Magistère de l'Église une réflexion nouvelle et approfondie sur les principes de la doctrine morale du mariage : doctrine fondée sur la loi naturelle, éclairée et enrichie par la Révélation divine. (HV/4a)

Mais le Pape a volontairement abandonné la première source, celle de l'Écriture Sainte, car le sens du seul texte (Gn 38, 1-10) cité en ce cas par l'ancienne théologie et par l'encyclique de S.S. Pie XI sur le mariage, est maintenant contesté par les exégètes. Nous sommes d'accord avec l'exégèse actuelle pour reconnaître que, d'après le contexte, la raison principale de la punition d'Onan par Dieu ne serait pas d'abord sa pratique de l'« onanisme » avec Tamar, mais le fait qu'il manquait alors à la justice en se soustrayant à la loi du lévirat et en outrageant son épouse.

Ainsi l'encyclique ne prend pas d'appui direct dans les Saintes Écritures : même si la luxure est condamnée à plusieurs endroits dans la Bible, on ne peut trouver de texte — autre que celui déjà contesté — qui interdit clairement l'usage de la sexualité par des conjoints qui veulent exclure la fécondité. Au contraire on trouverait plusieurs textes pour appuyer cet usage commun comme valeur d'échange en soi pour les époux, sans relation explicite ou obligatoire à la fécondité.

L'autre preuve réside dans l'investigation plus profonde de la loi naturelle. Puisque aucun précepte divin vraiment clair ne peut être trouvé dans la Révélation, l'usage des moyens anticonceptionnels pourrait encore être interdit en vertu du droit naturel s'il a des effets *sûrement* dommageables pour les conjoints en particulier, pour telle société ou pour l'humanité en général, et *dans la mesure où ces effets dommageables ne sont pas compensés ou surpassés par les avantages* de la suppression de la fécondité dans ces cas précis.

Or il y a justement bien des cas où l'usage conjugal de la sexualité sans référence à la fécondité offre de grands avantages. La détente physique et psychologique d'abord ; la régulation du fonctionnement sexuel individuel ; l'expression de l'amour et du don de soi dans des conditions où les symboles et les réalités sont souvent infiniment plus efficaces et éloquents que les paroles ; l'évolution psychologique de l'époux et de l'épouse vers la maturité par l'utilisation des meilleurs moyens physiques d'expression, de cession et de possession, d'abandon et de conduite, inventés par la nature.

Il y a ici une autre observation d'importance à faire. Pour les fins non conceptionnelles d'union conjugale mentionnées plus haut, tous les échanges sexuels, y compris l'étreinte réservée, sont permis entre les époux par la « morale classique », *sauf le dernier,* c'est-à-dire l'orgasme. Les époux peuvent donc, pour la « fin secondaire du mariage » utiliser largement la sexualité en excluant la fécondité, pourvu qu'ils excluent aussi le *dernier* moment sexuel. Tout cela paraît assez bizarre ou illogique, et aussi profondément antinaturel. Cette coupure est grave, pénible et souvent dommageable. Il faudrait donc que l'interdiction soit bien prouvée, pour être respectée.

Inconvénients possibles

Cependant, si l'argumentation de l'encyclique nous laisse sceptiques, cela n'établit pas nécessairement la moralité des pratiques anticonceptionnelles. Elles pourraient encore être à proscrire pour d'autres raisons, non mentionnées par l'encyclique, mais que nous devons avoir l'honnêteté d'investiguer.

Chacun des moyens anticonceptionnels pris en particulier peut avoir ses inconvénients propres, parfois graves, sur le plan physique ou psychologique. Une foule de cas pourraient être donnés ici. Nous n'en mentionnons que quelques-uns, pour souligner l'importance de la question.

Par exemple, l'usage prolongé de médicaments anticonceptionnels peut avoir différents effets nocifs chez la femme, comme la masculinisation ou la frigidité, une stérilité prolongée, une mauvaise circulation, ou même le cancer. L'usage du stérilet est loin d'être toujours efficace, il peut causer des hémorragies et même des avortements. L'emploi du diaphragme semble avoir conduit bien des femmes chez le psychiatre, et il n'est pas sûr que cela soit dû au seul complexe de culpabilité : cela peut être dû au fait que la crainte de concevoir persiste ou que la présence de ce corps étranger empêche la femme de réaliser le but naturel immédiat de l'acte conjugal, le don complet d'elle-même.

Mais l'on sait aussi que ces inconvénients sont de plus en plus cernés et identifiés par la science, souvent réduits au minimum. En somme l'expérience grandissante des médecins gynécologues, avec la statistique des millions de couples concernés, nous permet de penser qu'aujourd'hui plusieurs moyens anticonceptionnels de caractère varié peuvent être utilisés avec l'efficacité et la sécurité voulues. Cela laisserait donc la route libre pour un usage raisonnable de la sexualité sans la fécondité, si on peut le concevoir à l'intérieur de la loi naturelle.

Il est facile d'admettre que les couples mariés qui s'entendent pour exclure la fécondité sans raison suffisante peuvent nuire gravement à leur union conjugale. Mais la question n'est pas ici de savoir si le mariage est ordonné à la fécondité, cela, tous peuvent l'admettre. La question est de savoir si le mariage, de soi, exige la fécondité à ce point que la sexualité soit interdite chaque fois que la fécondité est volontairement exclue.

L'ordre naturel et l'intervention de l'homme

Les médicaments, les interventions chirurgicales, les procédés mécaniques ou autres ne font pas nécessairement violence en soi à la nature : ils peuvent fort bien l'aider et avoir été prévus *par elle* pour leur utilisation par l'homme. Cela est d'ailleurs reconnu dans tous les autres domaines pour la médecine et la chirurgie. Agit-on contre nature et commet-on le mal moral quand on coupe une main pour sauver le corps, ou quand on plonge un malade mental dans l'inconscience pour lui permettre de récupérer ? Agit-on contre nature quand on greffe un cœur pour sauver une vie, ou quand on remplace un organe malade par un autre en plastique ? — S'il est un domaine où doit jouer le principe de totalité, c'est bien celui des interventions de l'homme sur le corps humain : et cela pour des raisons psychologiques autant que physiques.

Pourquoi alors n'aurait-on pas le droit d'utiliser, pour le *contrôle* de la fécondité, des substances ou des techniques prévues par la nature elle-même ? Et pourquoi serait-il contraire à l'ordre naturel, et gravement coupable, de proposer un médicament anticonceptionnel ou une intervention chirurgicale bénigne quand la fécondité signifierait menace de mort, alors qu'on peut utiliser des médicaments plus nocifs ou des interventions chirurgicales plus graves pour éviter cette menace en d'autres cas ?

L'usage de la méthode de continence périodique n'est d'ailleurs pas beaucoup plus conforme à la nature ; il semble plutôt lui être profondément contraire, car il contraint la femme à s'abstenir de l'acte conjugal précisément quand elle est prête à l'accomplir, et à l'accomplir précisément quand elle pourrait préférer s'en abstenir. Et son incertitude dans bon nombre de cas est loin de favoriser la

« sécurité » des époux. On pourrait donc le déconseiller moralement en s'appuyant sur les premières lignes du paragraphe 13 de l'encyclique elle-même (reproduites plus haut).

Le fait que le Vatican ait recommandé (et, paraît-il, subventionné) la méthode Billings depuis la parution de l'encyclique et qu'il ait plusieurs fois référé à *Humana vita* comme à une affirmation stable de l'interdiction des moyens anticonceptionnels, ne laisse pas de doute sur le sens des paragraphes cités plus haut et sur la fermeté que l'on veut maintenir dans ces règles. Mais il s'agit maintenant de savoir si la « réception » de ces interdictions dans le monde catholique a été positive ou négative.

Quelle adhésion le Pape nous demande-t-il ?

Pour obtenir notre adhésion aux condamnations de l'encyclique, Paul VI rappelle d'abord la compétence spéciale de l'Église pour l'interprétation et la promulgation de la loi naturelle :

> Aucun fidèle ne voudra nier qu'il appartient au Magistère de l'Église d'interpréter aussi la loi morale naturelle. Il est incontestable, en effet, comme l'ont plusieurs fois déclaré Nos Prédécesseurs, que Jésus-Christ, en communiquant à Pierre et aux Apôtres sa divine autorité, et en les envoyant enseigner ses commandements à toutes les nations, les constituait gardiens et interprètes authentiques de toute la loi morale : non seulement de la loi évangélique, mais encore de la loi naturelle, expression elle aussi de la volonté de Dieu, et dont l'observation fidèle est également nécessaire au salut. (HV/4b)

Il s'agit là d'une donnée traditionnelle en théologie, et nous sommes d'accord comme croyants. Bien que la loi naturelle soit inscrite au cœur de l'homme et qu'il puisse la découvrir et l'expliquer avec l'aide de sa raison naturelle, il reste que dans les conditions concrètes de l'humanité, l'obscurcissement de l'intelligence et les défaillances de la volonté amènent souvent les hommes non seulement à généraliser des pratiques qui lui sont contraires, mais à essayer de les justifier par de faux principes.

Mais d'autre, part, on ne peut nier l'aptitude naturelle des hommes, surtout des hommes droits et évolués, à découvrir par eux-mêmes et à mettre en pratique spontanément une bonne partie de cette loi naturelle, y compris celle qui porte sur la morale conjugale. On ne peut surtout nier la capacité humaine de comprendre le bien-fondé de cette loi lorsqu'elle est exposée clairement. Le Pape lui-même le reconnaît en faisant constamment appel, dans son encyclique, à la raison droite de l'homme évolué d'aujourd'hui [1].

Après ces appels à la raison droite, on trouve significative et importante à la fois la réaction spontanée de contestation ou même de refus qui s'est esquissée dans le monde entier, parfois en de très larges portions du peuple fidèle, de la part des théologiens, et même des membres de la Hiérarchie. Il y a là un fort indice que ces principes et préceptes sont plus contestables que ne le supposent les affirmations de l'encyclique, et cela pose tout le problème de la « réception » de cet enseignement magistériel dans l'Église [2].

Mais cette réaction était prévue, dira-t-on, et le Pape déclare explicitement que « l'Église ne s'étonne pas d'être, à la ressemblance de son divin Fondateur, un signe de contradiction » (HV/18). *Il reste donc qu'on doit faire appel à la foi, là où la raison ne suffit pas à bien renseigner l'homme d'aujourd'hui sur la morale naturelle.* Et le Pape lance cet appel d'une façon aussi claire que forte. S'adressant particulièrement aux prêtres, qui sont « par vocation les conseillers et les guides spirituels des foyers », il écrit :

> Soyez les premiers à donner, dans l'exercice de votre ministère, l'exemple d'un assentiment loyal, interne et externe, au Magistère de l'Église. *Cet assentiment est dû, vous le savez, non pas tant à cause des motifs allégués que plutôt en raison de la lumière de l'Esprit Saint, dont les Pasteurs de l'Église bénéficient à un titre particulier pour exposer la vérité.* (HV/28)

Voilà une affirmation d'importance, et qui ne peut s'accepter sans nuances. En conformité avec l'enseignement traditionnel de l'Église (et en particulier avec les définitions de Vatican I et la Constitution *Lumen gentium* de Vatican II, citée ici par le Pape), nous admettons la possibilité de cette situation, et la valeur du principe d'arbitrage pontifical qui doit y répondre. Mais nous faisons remarquer avec bien d'autres que dans le cas concret l'application du principe est discutable, et c'est toute la question des *conditions d'exercice du Magistère pontifical* qui est ici posée. Lorsqu'un acte de foi nous est demandé avec l'aveu d'un manque d'appui direct dans la Révélation, nous sommes *en droit et en devoir* d'investiguer comment joue l'assistance de l'Esprit-Saint à ce moment-là, *surtout s'il y a division dans le Magistère total.*

De quel magistère est-il question ?

Qu'est-ce qui est appelé « Magistère de l'Église » dans l'encyclique *Humanæ vitæ* ? C'est presque toujours le seul magistère pontifical, *celui du Pape,* qui a une valeur éminente, certes, mais qui peut être fort conditionné par les circonstances concrètes où son acte est posé. Et d'ailleurs l'encyclique rappelle à deux reprises la doctrine commune qui rend les évêques solidaires du Pape dans l'exercice du Magistère de l'Église.

Avant de publier son encyclique, Paul VI semble pourtant avoir écarté l'avis d'une partie importante des évêques en retirant du Concile la discussion de cette question, en négligeant l'opinion d'un groupe d'évêques réunis en commission sur ce problème [3], en passant outre aux avertissements et demandes que des membres de la Hiérarchie lui firent parvenir pour lui demander de surseoir à la condamnation.

Depuis la publication de l'encyclique nous devons remarquer un clivage grandissant entre le sentiment de la Hiérarchie d'un grand nombre de pays d'une part et celui du Pape, appuyé par quelques théologiens de Rome, d'autre part. Il serait utile de faire un certain comput de l'opinion de la Hiérarchie à travers le monde. Les statistiques précises font encore défaut, mais il y a plusieurs façons de connaître le sentiment des évêques.

Tout d'abord un bon nombre d'adhésions *positives,* individuelles ou collectives, ont été recensées par l'*Osservatore Romano* peu après la publication de l'encyclique, à mesure qu'elles étaient envoyées à Rome ou qu'on pouvait les glaner à travers les publications diocésaines ou autres du monde entier. Il y aurait donc moyen d'établir d'abord un chiffre assez précis pour ceux qui appuient clairement l'encyclique. Mais en tenant compte de l'âge des évêques impliqués, et du changement d'opinion de quelques-uns depuis sept ans. Notons en passant que la recension de ces appuis par l'*Osservatore Romano* donne une grande importance au principe de « réception » et donc aussi à la résistance des dissidents : pourquoi les voix concordantes auraient-elles du poids si les voix discordantes n'en avaient pas ? Et surtout si les voix discordantes sont en majorité ?

Un bon nombre de conférences épiscopales ont publié une déclaration *restrictive* sur le sujet. On sait que les épiscopats allemand, belge, autrichien, canadien, français, anglais, américain, etc., ont fait

Guy-M. Bertrand 125

des réserves plus ou moins fortes sur l'obligation de l'encyclique dans la pratique [4]. Serait-il exagéré de dire qu'à mesure que le temps avance, les évêques du monde, d'Asie et d'Afrique comme d'Amérique et d'Europe, peuvent s'opposer davantage à l'encyclique, et que des représentations individuelles ou groupées doivent se faire à Rome pour obtenir une revision de cet acte ?

Il ne faudrait pas non plus sous-estimer l'impact de l'opinion des théologiens. On peut arguer qu'ils ne font pas partie du Magistère officiel, mais qui niera l'importance de leur attitude dans une consultation de ce genre ? Qui niera l'influence de leur opinion sur la position actuelle des évêques ? Or l'opinion d'un grand nombre d'entre eux est connue par des manifestes de groupes ou des écrits individuels. Ici encore il faudrait tenir compte du nombre. Non parce que les décisions doctrinales sont en dernier ressort une matière de vote majoritaire, mais parce qu'on ne peut sous-estimer un facteur de ce poids. Entre l'ancienne « Église enseignante » et l'ancienne « Église enseignée », il y a toujours les théologiens qui représentent aussi une bonne partie du *sensus Ecclesiæ*.

Le « Dossier de Rome »

Dans un livre intitulé *Contrôle des naissances — le dossier de Rome,* [5] Jean-Marie Paupert a donné la traduction française et le texte latin de ce qui doit être le rapport majoritaire de la *Commission pontificale pour l'étude des problèmes de la population, de la famille et de la natalité,* instituée par Jean XXIII et complétée par Paul VI.

Le document signé par la majorité des membres est nettement favorable à l'utilisation rationnelle et prudente des moyens anticonceptionnels. Il contient des explications sobres et précises sur la possibilité d'une évolution du Magistère, et sur les autres points qui nous occupent. Le document minoritaire, reproduit lui aussi dans l'ouvrage de Paupert, mériterait par contre une évaluation sévère : nous devons constater que sa conception de la morale sexuelle et de la loi naturelle est assez statique et sa formulation curieusement négative.

Or précisément, le rapprochement entre l'encyclique et ces deux documents a de quoi nous amener à des réflexions troublantes.

Tout d'abord la comparaison entre le texte pontifical et le rapport majoritaire nous remplit d'étonnement. On a tout simplement l'impression que le rédacteur de l'encyclique *n'a pas lu ce rapport ou qu'il ne l'a pas compris.* Autrement, comment expliquer qu'il écarte aussi facilement, sans leur rendre justice, les remarques extrêmement judicieuses préparées pour le Pape par les théologiens et experts sur la notion d'ordre naturel, sur les interventions de l'homme *prévues par la nature,* sur le vrai sens de la sexualité, des fins du mariage, de la paternité responsable et du principe de totalité ?

Par ailleurs, si l'on compare le texte pontifical avec le document minoritaire, on a encore la surprise de voir qu'il s'en rapproche notablement, par son fixisme doctrinal et par l'étroitesse de sa conception de la loi naturelle.

Le Pape pouvait adopter l'opinion minoritaire s'il la pensait la plus juste. Mais comment l'encyclique a-t-elle pu être écrite sans tenir compte davantage de l'énorme acquis de la recherche scientifique et du travail théologique des 50 dernières années ?

Que s'est-il passé depuis 50 ans ?

L'évolution scientifique et théologique des dernières décennies et le revirement d'opinion qui s'est produit chez les fidèles, revêtent pourtant une importance considérable, comme nos collaborateurs le rappellent dans d'autres articles de ce cahier.

Jusqu'à un passé récent, l'ordre d'importance des fins du mariage avait été établi et défini de façon assez rigide et rigoriste dans les manuels de morale « classique » et l'enseignement officiel. La fin de procréation était donnée comme principale, et parfois quasi exclusive, le « support mutuel » des époux trouvait un appui dans la sexualité, mais celle-ci était souvent donnée comme un pis-aller : cet « apaisement de la concupiscence », troisième fin du mariage, était considéré surtout comme réponse à la déviation originelle, et selon certains auteurs, il n'allait pas sans faute vénielle quand il était recherché et non plus seulement concédé par le conjoint.

Cette conception semble avoir prévalu pendant 15 siècles, malgré les exceptions que l'on pourrait signaler chez quelques moralistes dont l'enseignement plus positif sur la sexualité a fait parfois l'objet de censures de la part du Magistère officiel. Une telle conception a ses origines historiques, comme l'on sait, et il serait inutile d'en traiter ici. Mais elle n'est pas nécessairement biblique, et nous sentons que quelque chose s'était perdu au cours des siècles dans les valeurs humaines et chrétiennes de la sexualité conjugale. Or l'humanité actuelle est tout simplement en train de récupérer, en les dégageant scientifiquement, ces valeurs déjà clairement marquées dans la Bible.

Depuis 50 ans un fort mouvement de libéralisation et de « sanification » s'est accentué, malgré les interventions nombreuses de Rome. L'attitude des théologiens de la Hiérarchie a profondément évolué, comme le montre la publication (approuvée par les bureaux diocésains) de bien des ouvrages de morale conjugale, l'orientation des cours de préparation au mariage dans plusieurs diocèses du monde, la prise de position de la constitution *Gaudium et Spes,* la réaction défavorable de plusieurs conférences épiscopales au rigorisme de l'encyclique, et même les admissions verbales (mal intégrées logiquement, mais nouvelles) de l'encyclique *Humanæ vitæ* **elle-même.**

Que s'est-il donc passé chez les évêques et les théologiens ? Une chute du sens moral ? Nous ne croyons pas. Plutôt une évolution normale, due pour une très grande part aux importants progrès scientifiques réalisés, en particulier sur le plan de la psychologie et de la sexologie ; évolution telle qu'elle crée, par sa rapidité et son importance, un phénomène nouveau : nous nous trouvons *devant un nouvel âge de l'humanité et devant l'obligation de reformuler partiellement le droit naturel* (sans le nier pour autant) *en ce qui regarde la sexualité conjugale elle-même.* C'est justement cette véritable révolution, à notre avis, que l'encyclique n'a pas assez tenue en vue, malgré les renseignements pourtant disponibles au moment de sa rédaction.

Le sens de l'intervention du Pape

Dans ces circonstances, même si cela paraît audacieux au premier abord, nous aurions vu l'action du Pape s'exercer plutôt dans le sens contraire à celui qui a été pris, à cause du doute grandissant au sujet des interdictions de la morale classique.

L'encyclique intervient en effet pour freiner un mouvement de libéralisation déclenché par les facteurs scientifiques et sociaux que nous venons de mentionner, et elle le fait en réinterprétant de façon statique une morale qui pourrait pourtant progresser (sans relativisation excessive) à cause des conditions nouvelles de l'humanité d'aujourd'hui. L'encyclique affirme en particulier que « l'Église » (= le Magistère pontifical officiel ici), n'a pas le pouvoir de changer la loi naturelle, mais seulement celui de l'interpréter de façon quasi officielle, avec l'assistance de l'Esprit-Saint (HV/18a).

Pourtant, en matière de droit naturel second, pour le bien général de l'humanité et le bien des âmes en particulier, il nous semble que le Pape pourrait nuancer, surtout lorsque des changements de contexte et de perception aussi prononcés que ceux en face desquels nous nous trouvons rendent douteuse ou improbable l'interprétation morale donnée jusque-là. Le droit naturel second peut changer vraiment dans certaines de ses applications ; et à qui revient-il sinon au Pape, guide spirituel reconnu de la catholicité (et même de la chrétienté et de l'humanité), de promulguer des adaptations et de tracer la voie nouvelle à l'observance du droit naturel pour une humanité qui avance et voit plus clair [6] ?

Mais il reste du travail à faire pour en arriver là.

Trois obstacles à traverser

Pour préparer cette adaptation, les théologiens du monde (et en particulier ceux de Rome), auront trois obstacles de taille à traverser : une conception trop étroite des applications du droit naturel, la présomption doctrinale créée par les déclarations explicites du Magistère pontifical depuis 50 ans, et celle créée par l'enseignement assez constant des moralistes depuis 15 siècles. Mais cela n'est pas impossible, comme le montre le rapport majoritaire.

Nous connaissons plusieurs autres exemples de prises de positions pontificales, par des encycliques ou autrement, sur lesquelles Rome a dû revenir au cours des derniers siècles, au sujet de problèmes économiques, sociaux, politiques, scientifiques, idéologiques, dogmatiques et moraux. Et l'on sait que Vatican II a rectifié discrètement ou fermement d'autres prises de positions antérieures. Ici encore une interprétation honnête de la situation et du contexte permettrait sans doute de faire l'adaptation aux données actuelles, comme le suppose John T. Noonan en conclusion du magistral ouvrage historique qu'il a consacré à cette question :

> That intercourse must be only for a procreative purpose, that intercourse in menstruation is mortal sin, that intercourse in pregancy is forbiden, that intercourse has a natural position — all these were once common opinions of the theologians and are so no more. Was the commitment to an absolute prohibition of con-

traception more conscious, more universal, more complete, than to these now obsolete rules ? These opinions, now superseded, could be regarded as attempts to preserve basic values in the light of the biological data then available and in the context of the challenges then made to the Christian view of man. (John T. Noonan jr., *CONTRACEPTION — A History of its Treatment by the Catholic Theologians and Canonists,* Belknap Press, Harvard 1965, p. 532.)

Nous croyons qu'en somme, si l'humanité et l'Église vivent encore plusieurs siècles, la morale conjugale et sexuelle propre aux siècles précédents sera considérée comme dépendante du contexte social et culturel de ces époques, et l'on admettra que, si elle s'expliquait dans ce contexte, elle devait céder le pas à une doctrine plus nuancée, à mesure que nous sommes amenés à nuancer la notion de *nature* et *d'ordre naturel* en cette matière. Alors certains moyens anticonceptionnels pourraient être acceptés, en particulier les meilleurs médicaments et parfois (dans les cas spéciaux ou plus graves) une bénigne intervention chirurgicale. De cette façon rien ne serait changé à l'acte sexuel, et aucune restriction ne lui serait apportée, ce qui lui permettrait de conserver toute sa valeur d'union et d'échange, contrairement aux autres moyens qui font obstacle à l'acte complet, au don complet, ou à la sécurité complète. La moralité de cette infécondité volontaire serait comparable à celle de la continence périodique, déjà acceptée par Rome.

Conclusion

La confusion doctrinale actuelle ne saurait durer indéfiniment, et elle se réglera sans doute par défaut, si elle ne se règle pas par une révision. D'autant plus que les déclarations de la Hiérarchie ont largement ouvert la voie, dans bien des cas, à une dissociation entre les « principes » émis par l'encyclique et la pratique plus réaliste que pourraient suivre les fidèles « en cas de force majeure » [7].

La solution ne nous semble pas se trouver dans cette équivoque, puisque cela porte gravement atteinte au Magistère pontifical et au Magistère épiscopal, et ouvre encore plus largement la voie à la conscience purement subjective.

La meilleure solution pourrait bien être de continuer pendant quelque temps la vaste consultation qui se poursuit spontanément dans toute la catholicité entre théologiens, évêques, pasteurs et fidèles, jusqu'à ce que la question soit suffisamment éclairée et le con-

L'encyclique « Humanae vitae »

sensus assez fort pour qu'un retour à Rome nous fasse obtenir une révision de la décision. C'est ainsi, sans doute, que les immenses valeurs en cause pourraient être protégées efficacement.

Notes

1. « Nous pensons que les hommes de notre temps sont particulièrement en mesure de comprendre *le caractère profondément raisonnable et humain de ce principe fondamental.* » (HV/12) — « De même, *qui réfléchit bien devra reconnaître* aussi qu'un acte d'amour mutuel qui porterait atteinte... » *(ibid.)* — « Les hommes droits pourront encore mieux se convaincre du bien-fondé de la doctrine de l'Église en ce domaine, *s'ils veulent bien réfléchir aux conséquences des méthodes...* » (HV/17a) — « *Il faut nécessairement reconnaître* les limites infranchissables... » (HV/17d) — « Mais *si l'on réfléchit bien, on ne peut pas ne pas savoir que...* » (HV/20) — « Qu'ils continuent [les médecins et membres du personnel sanitaire] à promouvoir en toute occasion *les solutions inspirées par* la foi et *la droite raison,* et qu'ils s'efforcent d'en susciter la conviction et le respect dans leurs milieux. » (HV/27). Voir aussi : HV 4b, 9a, 10b, 13, 17b, 17c, 31.

2. À la suite de Congar nous utilisons le terme de « réception » pour désigner les différentes réactions causées par un enseignement magistériel dans l'Église et la façon dont les différents niveaux de l'Église, fidèles, prêtres, religieux, etc., « reçoivent » cet enseignement. L'évaluation de l'ampleur et de la diversité d'une « réception » au sujet de tel enseignement précis n'est évidemment pas toujours facile à faire de façon exacte. Dans le cas de l'encyclique *Humanæ vitæ* nous avons tout de même plusieurs moyens d'établir une certaine statistique pour les fidèles, les prêtres, les théologiens, les évêques, comme nous le notons dans le texte et plus bas à la note 4. Par exemple le magazine américain *Time* rappelait récemment que, d'après une enquête du sociologue jésuite américain Andrew Greeley, plus de 80% des catholiques américains refusent leur adhésion à l'encyclique. Et l'on sait qu'ils ne sont pas tous de gauche...

3. Il s'agit en particulier de la Commission qui a produit le Rapport majoritaire dont il est question plus bas à la note 5. Cette commission, en plus d'experts en différentes disciplines, comprenait plusieurs évêques

4. On pourra retrouver un bon nombre des commentaires des Conférences épiscopales dans le volume intitulé *Pour relire Humanæ vitæ, déclarations épiscopales et commentaires théologiques,* éditions J. Duculot, Gembloux (Belgique) 1970, 241 pages. Ce volume contient les déclarations des évêques ou des Conférences épiscopales des pays sui-

Guy-M. Bertrand

vants. Afrique : Dahomey, Rodhésie, Sénégal ; Asie : Ceylan, Indes, Indonésie ; Amérique du Nord : Canada, États-Unis ; Amérique Latine : Medellin, Colombie, Mexique ; Europe : Allemagne (RFA), Suisse, Belgique, Espagne, Yougoslavie, Allemagne (RDA), France, Autriche, Irlande, Italie, Pologne, Grande-Bretagne, Scandinavie ; avec les commentaires théologiques de Philippe Delhaye, Jan Grootaers et Gustave Thils.

5. Traduction, présentation et notes de Jean-Marie Paupert, les Éditions du Seuil, Paris 1967, 191 pages. L'auteur note dans l'avertissement que le texte de ces rapports avait d'abord été publié aux États-Unis par *The National Catholic Reporter* et en Angleterre par *The Tablet*.

6. L'évangile nous rapporte que le Christ, repromulguant la loi de la monogamie, mentionne sans la blâmer une mesure d'élargissement établie par Moïse dans cette loi pourtant bien « naturelle », à cause de la « dureté du cœur des juifs » (Mt 19, 7-9). Pourquoi le Pape, vicaire du Christ et guide spirituel de toute l'Église au nom du Christ n'aurait-il pas le pouvoir, après avoir pris conseil de la Hiérarchie et de l'Église, d'opérer un élargissement semblable, justifié cette fois par des raisons bien plus positives et portant sur une matière seconde de droit naturel, qui n'est pas visée directement par le Décalogue ? — L'accueil à une telle mesure pourrait être positif non seulement de la part de la catholicité mais aussi de la part des autres chrétiens et des hommes croyants en général, car on reconnaît au Pape un vaste pouvoir spirituel dans le monde.

7. Par exemple si l'on relit les paragraphes 11-27 de la Déclaration des évêques canadiens sur l'encyclique *Humanæ vitæ* (27 septembre 1968) on se trouve en face d'un jeu bizarre de révérence et de distanciation par rapport à la prise de position pontificale. Ce langage enveloppé ne favorise selon nous ni l'adhésion au Magistère pontifical ni l'adhésion au Magistère épiscopal.

LA RÉVOLUTION SEXUELLE DE DEMAIN

Jean-Marc Samson

Nous remercions la direction de la revue Information sur les sciences sociales, *de l'UNESCO, pour son aimable autorisation de reproduire cet article de Jean-Marc Samson paru dans ce périodique (12-4, p. 89-99).*

De tout temps, la sexualité a été utilisée comme un levier social. Qu'elles soient primitives ou récentes, les sociétés ont toujours voulu en faire un outil démagogique, mis au service de leur survie. La société contemporaine pourtant se distingue en cela que pour la première fois peut-être, dans son histoire, l'humanité veut insister plus sur le caractère idiosyncratique et individuel de la sexualité que sur sa rentabilité sociale [1].

Ainsi, la révolution sexuelle, pleinement justifiée dans le contexte d'hier, se voit de nos jours taxée d'anachronisme. Le chapitre complaisant de l'apologétique sexuelle est terminé ; d'ici l'an 2000, il nous faudra écrire celui de la créativité sexuelle.

Avant-hier

Si nous regardons « dans le rétroviseur », pour employer une image de McLuhan [2], nous apercevons une sexualité servile, roi-règne de la collectivité. Le mécanisme qui a engendré une telle situation peut être présenté ainsi : on doit d'abord se souvenir qu'une « société ne peut vivre que s'il existe entre ses membres une suffisante homogénéité » [3]. Puisque la cohésion sociale est une condition *sine qua non* de la survie du groupe, une certaine uniformité des comportements des individus doit être assurée, et cela par des moyens puissants. Cette force de cohésion sociale devra répondre à deux critères : *a)* atteindre les individus dans leur for intérieur, et *b)* être masquée à leur conscience, car autrement on risque la révolte.

Jusqu'à récemment, les principaux moyens pour assurer l'intégration des individus au groupe ont été l'appartenance religieuse et la participation à une *idéologie* sexuelle. Ces deux *leviers* sociaux sont d'ailleurs presque toujours allés de pair, se justifiant l'un l'autre. Les comportements sexuels des individus se devaient donc d'obéir à une certaine orthodoxie qui visait moins le bonheur des personnes humaines que l'homogénéité sexuelle, suprême garantie de la continuité du groupe [4]. Ainsi, il faut voir dans les « normes sexuelles », comme celles de la prohibition de l'inceste, l'endogamie ou l'exogamie, la patrilinéarité ou la matrilinéarité, le primat de la procréation, le refus ou la glorification du plaisir sexuel, etc., des moyens de « maintenir le groupe comme groupe » [5]. Prenons par exemple la règle de la virginité. Que la fille nubile doive conserver jalousement sa virginité, n'est en fait, dans cette optique, qu'un moyen utilisé par une société patrilinéaire, pour assurer sa survie. La lignée ne pouvant courir aucun risque de bâtardise, la virginité de l'épouse devient pour le père la seule garantie de sa paternité. C'est ainsi qu'on favorise l'aîné, car du cadet et du benjamin, l'assurance de la paternité n'est pas absolue (à moins de pratiquer l'infibulation !). Dans un tel contexte, l'hymen prend une valeur *sociale* et sa perte, — sauf dans le mariage — équivaut à un acte de sédition [6].

D'autres sociétés ont d'ailleurs promu la norme inverse ; chez elles, la virginité était considérée comme une tare dont il fallait se défaire avant le mariage, et c'est le fait de la conserver qui était socialement répréhensible. En somme, que l'on favorise — comme chez les Muria [7] — l'expression sexuelle libre des enfants et qu'on en organise socialement la possibilité — par des ghotuls — ou bien que l'on déclare condamnable toute activité sexuelle avant le mariage, le motif reste le même : s'assurer que tout le monde agit et pense sexuellement comme tout le monde, et ainsi assurer l'homogénéité sexuelle du groupe, un des éléments essentiels de sa survie en tant que groupe.

Même si le processus de mainmise sur la sexualité individuelle se devait d'être ignoré par les membres du groupe, il est apparu quand même nécessaire de présenter aux gens une certaine justification des normes de l'orthodoxie sexuelle. Pour sortir de ce dilemme, on s'efforça de justifier les normes sexuelles par des raisons dites « naturelles », dont il ne fut pas permis de douter. En Occident, par exemple, c'est sur « l'évidence biologique » qu'on fait reposer le primat de la procréation. Il en a été de même du plaisir sexuel : le plaisir étant par définition idiosyncratique, il tend à soustraire l'individu des impératifs du groupe. Alors, pour rendre inopérante l'éventuelle force antisociale du plaisir sexuel, on le déclare malsain. On a dit de lui qu'il prive l'humain de sa spécificité — en empêchant l'exercice de la raison — et conséquemment, qu'il le ravale au niveau péjoratif de l'animal !

L'éducation religieuse a elle aussi contribué au maintien de l'orthodoxie sexuelle. Elle a cherché à confirmer les dires de ce qu'on pourrait appeler l'éducation sexuelle sociale. Au seing de la société, on ajoute le sceau de la religion. L'orthodoxie sexuelle s'est vue « théologisée » et la force des anathèmes religieux, rendant quasi impossible toute opposition, en a assuré la stabilité et la généralisation.

Il était cependant difficile de contenir totalement le dynamisme de la sexualité. Des soupapes ont été tolérées et même institutionnalisées : ainsi, c'est en tant qu'exutoires et défoulements périodiques qu'il faut analyser l'importance et la fréquence des carnavals, mardis gras, fêtes de Bacchus, orgies rituelles, etc. Quant aux citoyens qui dérogeaient à la règle « hors des temps et des lieux permis », il suffisait qu'ils gardent la conviction d'être dans l'erreur, pour que soit sauvegardée l'efficacité des facteurs d'homogénéité sociale. En confessant publiquement son erreur, le « pécheur » avait alors la *chance* de confirmer l'orthodoxie sexuelle et son auto-punition servait à renforcer la norme socialement admise.

Ces mécanismes ont joué, à mon avis, de façon complètement inconsciente. Il serait simpliste de croire qu'une telle organisation relève de la décision de quelque grand-prêtre, thuriféraire d'un quelconque tyran. C'est l'inconscient de groupe qui a suscité cette situation. Ce serait aussi faire un constat d'impuissance que de croire cette situation issue de la « nature des choses » !

En bref, le « rétroviseur » nous présente une sexualité normalisée et servile, soumise à la raison d'État. Grâce aux tabous, on maintient l'aliénation de l'individu, en rendant improbable, sinon impossible, son accession à l'autonomie. On pourrait croire que tout avait été prévu pour que la question de la liberté sexuelle ne se pose tout simplement jamais.

Hier

Tout avait été prévu... ou presque. En effet, de 1850 à 1940 environ, l'orthodoxie sexuelle a été brusquement ébranlée. Il semble que cette mise en demeure ait été provoquée par l'essor des sciences biologiques et psychologiques et par le développement des moyens de communication.

La biologie. Depuis 150 ans, en effet, les découvertes biologiques ont progressé à un rythme effréné. Le microscope a permis une description plus exacte de la réalité anatomo-physiologique. Il fut très tôt impossible de continuer à défendre la théorie de l'*homunculus,* même si elle avait longtemps servi de support à l'interdiction de la masturbation. Il fallait se rendre à l'évidence du microscope. Ainsi, dans ses découvertes mêmes, la biologie devenait une contestation du système social, puisqu'elle contribuait à saper à la base la fonction assignée à la sexualité.

La psychologie. La théorie psychanalytique du 20e siècle contribua, elle aussi, à briser le carcan étroit qui avait été imposé à la sexualité. Freud et ses disciples voulurent rompre avec la tradition de ce que Theilhard de Chardin a appelé l'« eunochisme moral »[8]. Mais l'orthodoxie, se sentant réellement menacée, s'évertua à qualifier d'immoraux tous les efforts faits pour libérer la sexualité. Il faut cependant admettre que beaucoup d'analystes sentirent alors l'appel d'un messianime sexuel un peu exagéré. Malgré cela, ils ont pourtant permis que prenne corps ce qu'encore aujourd'hui on nomme la *révolution sexuelle.*

Les communications. Le *Spirit of St. Louis* marqua le début de l'ère des rencontres, et depuis, le monde s'est lentement transformé en « village global »[9]. Les communications rapides ont rapproché les cultures, et nous nous sommes retrouvés bientôt à l'écoute du monde. Le gourou hindou, malgré les montagnes qui l'entourent, perd son isolement ; bientôt il possédera le télex ! L'orthodoxie sexuelle occidentale s'est vue alors piratée par d'autres systèmes sexuels ; le luxe d'une conception sexuelle homogène et cohérente disparaissait. L'Occident qui avait décrété que la vérité était UNE — et que c'était la sienne — a été lentement convaincu de la pluralité de la vérité[10].

La révolution sexuelle de demain

Les règles du jeu venaient d'être troublées. Il fallait vite procéder à une restauration ou à une réforme. On cherchera plutôt à fomenter la révolution.

Freud avait écrit que la civilisation se fondait sur la sexualité refoulée. Biaisant un peu le sens de la libido de Freud, Wilhelm Reich soutiendra que l'« énergie sexuelle est l'énergie constructive de l'appareil psychique » [11] et qu'elle est « l'énergie vitale *per se* » [12]. Fidèle à l'idéologie marxiste, Reich s'efforcera de politiser la sexualité. Il œuvrera, selon ses propres mots, pour « harmoniser la psychologie des profondeurs de Freud, avec la théorie économique et politique de Marx ».

Reich croyait que si l'individu procédait à sa libération sexuelle, il ne pourrait plus supporter les autres formes de servitude, surtout celle reliée au travail. Il en vient ainsi à proposer la révolution sexuelle comme *machina ultima,* afin d'organiser, selon le désir de Lénine, « la lutte contre toute oppression économique, politique, sociale, nationale » [13]. La perspective de Reich a réuni beaucoup d'adeptes et encore aujourd'hui, on s'en réclame. Ashley Montagu, par exemple, dira que « la révolution sexuelle devrait précipiter la révolution éducative, qui, à son tour, devrait conduire rapidement à la révolution humaine » [14]. Si en effet, l'on admet que, chez l'être humain, l'énergie basale est la libido, la logique nous force à accepter que « ceux qui sont libres dans leur libido comprendront la vraie nature de la réalité, et ne pourront plus être dupés par les mythes manipulateurs du système » [15].

Aujourd'hui

Les bases qui soutenaient la nécessité de la révolution sexuelle s'effritent de plus en plus. *D'une part,* la psychologie individuelle, avec Adler et ses disciples, la psychologie sociale avec Pagès, l'ego-psychologie américaine avec Maslow, et toute la poussée de l'« interrelationnel » avec Sullivan, Horney, Fromm, démontrent que la libido ne constitue pas le fondement de l'énergie humaine. Léon Salzman dénonce même cette théorie comme un mythe sexuel [16].

John H. Gagnon [17], anciennement de l'Institut Kinsey, signale que, selon ses recherches, la libido est plus un effet qu'une cause, rejoignant ainsi les constatations de Max Pagès [18]. Certes, il est toujours permis de croire que l'intégration de la sexualité contribue à l'humanisation de l'être humain. Cependant, on est en droit de douter de la valeur de cette si fréquente et facile équation entre sexualité et humanisation, entre révolution sexuelle et révolution humaine. C'est à mon avis, faire preuve de vieillissement que de continuer à crier : « La révolution sera sexuelle ou ne sera pas. » [19]

D'autre part, l'unidimensionnalité de notre contemporain ne passe plus par l'aliénation sexuelle ou l'aliénation religieuse. Notre société technologique et technocratique s'assure la possession intérieure de l'être humain — et partant sa « fidélité » sociale — par d'autres moyens. La suggestion que le travail et le loisir sont le lieu privilégié de l'épanouissement humain, constitue actuellement le *nouveau levier* pour maintenir le groupe comme groupe, et cela autant à l'Est qu'à l'Ouest. C'est en termes de travail [20] et de production-consommation que se définit le nouveau conformisme social. La massification radicale des stéréotypes de production-consommation permet désormais d'assurer la cohésion du groupe. Ainsi, les orthodoxies religieuses et sexuelles, dès lors devenues inutiles, se sont pratiquement effondrées. On comprend alors pourquoi la société actuelle, même dans ses lois, ouvre la porte à ceux qu'hier elle rangeait parmi les minorités érotiques. Cependant, elle n'acceptera pas que l'on attaque l'orthodoxie du travail. Ce qu'elle reproche au hippie, ce n'est pas son débridement sexuel, mais son arrogance face au travail : refuser de rester une « bête de labeur » (selon le mot de Heiddeger), déclarer la paresse valable, c'est nier notre culture, c'est s'opposer à la conquête de la lune, c'est refuser les apports déclarés « bénéfiques » des découvertes scientifiques, c'est fomenter la sédition. Quant à la sexualité, on peut dire que, socialement du moins, elle s'inscrit désormais dans ce que Durkheim appelait l'anomie de la prospérité.

Ainsi, vouloir poursuivre la révolution sexuelle aujourd'hui, c'est s'accrocher au passé et se complaire dans un narcissisme facile. On demeure étonné de lire certains appels qui veulent nous persuader de « ranger le problème sexuel sur le plan de l'agitation et de la propagande » [21], et qui vont même jusqu'à suggérer de « créer une association de lutte contre la répression sexuelle » [22]. En effet, que la révolution sexuelle soit aujourd'hui un mythe, plusieurs éminents sociologues l'ont affirmé : Reiss, Smigel et Seiden, Smallenburg et Smallenburg, Sagarin, Hitchcock, Kirkendall, Gagnon et Simon, Caruso, Mousseau [23]. Socialement du moins, la révolution sexuelle est déjà finie ; socialement, *la sexualité est libre*. Car le bon citoyen peut coucher ou non, il peut faire « la chose » accroché au lustre, cela *nous* importe peu. Sa sexualité est à lui, tant qu'il achète, produit et travaille beaucoup.

Certes, cette description en termes extrêmes considère comme superficielles et temporaires les dernières tentatives de la société qui ne veut pas se départir trop vite d'un levier d'aliénation qui l'a si longtemps servie. La récente recrudescence de censure en France, la volonté de certains de vouloir la rétablir aux USA [24], ne sont en fait que les derniers coups de feu d'une bataille déjà gagnée. On a beau dire que la pornographie *(i.e.* l'écart grave à l'orthodoxie sexuelle) est « intentionnellement et essentiellement une conjuration subversive contre la civilisation et ses institutions » [25] ; et Monsieur Spiro Agnew, ancien vice-président des USA, pouvait toujours affirmer que les pornographes sont, par définition, de mauvais citoyens ; il n'en demeure pas moins que les études sérieuses (dont le rapport de la récente commission d'enquête sur ce sujet aux USA [26]) démontrent le peu d'impact social d'une telle activité.

Si la sexualité est devenue socialement libre, cela ne signifie pas qu'elle soit, *chez chacun,* affranchie des tabous qui longtemps la tenaient par les oreilles. Les séquelles de l'homogénéité sexuelle d'hier continuent à hanter notre subconscient et à influencer nos attitudes et notre conduite sexuelles. La désaliénation personnelle et subjective reste à faire ; l'homme et la femme d'aujourd'hui devront encore conquérir leur autonomie en révisant leur propre sur-moi. Comme le faisait remarquer Jacques Mousseau, ils sont « libres, oui, mais libérés non : libres de faire l'amour, mais sans être libérés des pressions exercées par les habitudes du passé, les modes du présent, et les exigences du milieu sur le désir amoureux » [27]. La conquête de la sexualité personnelle reste à faire.

Écueils

Dans sa lutte contre son sur-moi, l'individu des années 80 devra éviter trois écueils : l'enkystement révolutionnaire, le néo-colonialisme sexuel et le mono-humanisme sexuel.

L'enkystement révolutionnaire. Même si l'affrontement entre les individus et le «système » ne se situe plus au niveau de la sexualité, l'oligarchie du système voudra que l'on continue à croire le contraire. Le profit d'une telle manœuvre est double : *a)* les énergies consacrées à la poursuite d'une telle lutte déjà terminée ne pourront être utilisées à fomenter la révolution contre l'aliénation par le travail ; b) tant et aussi longtemps que les citoyens engagés continueront la lutte sur le terrain sexuel, ils contribueront à dissimuler les véritables enjeux. Ainsi, dans cette stratégie de diversion, la lutte sexuelle sert de paravent pour masquer les effets manipulateurs des nouvelles forces de cohésion sociale. En effet, tant que la « majorité silencieuse » et la minorité tapageuse s'occupent de pornographie, de censure, d'avortement, etc., elles oublient l'esclavage du 9 à 5 [28], elles ne penseront pas à l'Angola, ni à la pauvreté. Tant qu'elles ne s'intéressent qu'au côté « play boy » d'un premier ministre, elles négligent de juger ses subtils tours de passe-passe politiques ! Cette politique de diversion peut même être encouragée par les membres de l'oligarchie. Ils sont d'ailleurs épaulés par tous ces jeunes-et-braves citoyens qui *travaillent* encore à la révolution sexuelle sociale, et qui, à leur insu, contribuent à glorifier le travail et conséquemment participent à la manipulation sociale qu'ils veulent tellement dénoncer !

Néo-colonialisme sexuel. Dans son célèbre livre *La cité séculière* [29], Harvey Cox signale les effets immédiats de cette liberté sexuelle. Dégagé des anciennes normes, le citoyen actuel « faute de systèmes de valeurs, a abouti au vide. Les mass media comblent ce vide avec de nouvelles structures de comportement. On crée des idoles nouvelles, exploitées commercialement, qui détruisent par leur tyrannie la liberté humaine » [30]. Et il ajoute cette phrase terrible : « Nulle part l'humanisation de l'existence humaine n'y est plus dangereusement frustrée ; nulle part on n'a davantage besoin d'un exorcisme définitif. » [31]

Même libéré du joug écrasant de l'orthodoxie sexuelle d'hier, le singe nu du vingtième siècle ne semble pas pouvoir encore acquérir la conscience de ce que sa sexualité lui appartient *personnellement*. Il a tendance à se soumettre à tout tyran sexuel : la publicité ou encore l'*expert sexuel,* le *sexo-spécialiste.* Après avoir évité la Charybde de l'orthodoxie sexuelle sociale, il se laisse emporter vers la Scylla de l'orthodoxie sexo-scientifique. Il subit avec le sourire la « nouvelle tyrannie de la libération sexuelle » [32]. D'automate social, il accepte et souhaite de se restructurer en automate scientifique [33], servile de la dernière position coïtale inventée par les «scientifiques ».

La sexualité devient alors un travail réglementé ; on n'a qu'à analyser les « manuels du mariage » pour s'en rendre compte : le

La révolution sexuelle de demain

culte de l'orgasme impose tout un rituel : horaires sévères, techniques de gymnaste, équipement fort spécialisé. L'expert a ici tout prévu et tout calculé ; rien — ou presque — n'a été laissé à l'initiative personnelle [34]. Comme le primitif, l'homme moderne demeure « incapable de réussir l'intégration significative de son expérience personnelle » [35]. Le clan (ici la publicité, ou la science) supplée alors à cette carence, et l'individu, avec joie, idolâtre cette nouvelle aliénation de type néo-colonialiste.

Mono-humanisme sexuel. Le troisième écueil est plus subtil et la masse de nos contemporains y trébuche facilement. On voudra que la sexualité serve à « compenser l'aridité de la plupart de nos expériences » [36]. La sexualité devient ici contemporaine [37], comme étant peut-être la dernière sphère de l'activité humaine qui donne l'impression, dans un monde de plastique et de néon, d'être non-mécanisée et vraiment privée [38]. À l'instar des freudiens — mais pour d'autres motifs — on cherche ainsi à confier à la *SEULE* sexualité la lourde tâche d'assurer l'identité personnelle. Ce phénomène de *canalisation* [39] ne peut qu'aboutir à un asservissement de la personne par la tyrannie sexuelle [40]. Le sexe est à nouveau messianisé, porteur de toutes les espérances. Ainsi, « la sexualité est devenue libre pour être *fétichisée,* présentée comme le *seul* domaine de la vie sociale capable d'établir des relations interpersonnelles vraiment humaines » [41]. Sacrifiant à ce fétiche, on sexualisera les objets, les situations, les relations, les personnes [42]. Alors qu'hier, les révolutionnaires sexuels voulaient faire de l'orgasme un instrument de libération sociale, celui-ci se transforme aujourd'hui en panacée : la rencontre sexuelle « en pensée, en paroles ou actions » constitue le cataplasme facile qui conduit au mono-humanisme sexuel.

Vers demain

S'il veut encore s'occuper « utilement » de la sexualité, le contestataire sexuel devra se muer en éducateur sexuel et/ou en conseiller sexuel. Il lui faudra descendre du podium pour s'intéresser aux personnes et à leurs problèmes sexuels individuels. Il devra faire œuvre d'éducateur, ce qui suppose une démarche lente, centrée sur la personne, une démarche que ne permettent en aucun cas des cours par correspondance. L'éducateur sexuel — au sens très large de ce terme — devra aussi faire preuve de créativité [43], puisqu'il devra essayer de répondre aux questions qui jusqu'ici sont demeurées sans réponse — surtout celle du *sens* de la sexualité chez l'humain — en évitant les écueils d'aujourd'hui.

La sexualité, si elle se veut personnelle, non seulement libre mais libérée, devra refuser d'être *utile,* d'être réduite à un *pour-autre-chose.* Comme la personne qui la vit, la sexualité ne peut refuser l'asservissement que si elle accepte d'élaborer sa dynamique propre. Janus de l'être humain, la sexualité peut alors devenir, comme lui et avec lui, un *pour-soi.* C'est dans cette approche personnalisante et non utilitaire qu'on pourra révéler les résonances sociales de la sexualité : car à être d'abord sociale (ou utilitaire), la sexualité ne participe que difficilement au personnel ; tandis qu'à être d'abord personnelle et idiosyncratique, elle contribue presque toujours au social.

Sortir des sentiers battus, c'est prendre le risque de l'aventure. Ce risque, les circonstances actuelles non seulement le permettent, mais nous l'imposent.

Notes

1. *Cf.* L.A. Kirkendall, « Sex education : A reappraisal », *The Humanist* 25 (2), 1965, pp. 77-83.
2. *Cf.* M. McLuhan, *Message et massage,* Paris, Pauvert, 1968.
3. *Cf.* É. Durkheim, *Éducation et sociologie,* Paris, Presses Universitaires de France, 1966, p. 40 (2e éd.).
4. *Cf.* H. Schelsky, *Sociologie de la sexualité,* Paris, Gallimard, pp. 171-175.
5. *Cf.* C. Lévi-Strauss, *Les structures élémentaires de la parenté,* Paris, Presses Universitaires de France, 1949.
6. La prohibition de l'adultère obéissait à une semblable logique. Selon le puritanisme anglais des 17e et 18e siècles, « toute violation du lien conjugal était une menace instantanée pour l'ensemble de la hiérarchie de l'ordre social ». R.V. Schnucker, « La position puritaine à l'égard de l'adultère », *Annales. Économie, Sociétés, Civilisations* 27 (6), 1972, p. 1381.
7. V. Elwin, « Les Muria et les ghotuls : Une méthode d'éducation sexuelle et sociale dans une tribu de l'Inde », *Les temps modernes* 11 (121) 1956, pp. 1081-1120.

8. *Cf.* P. Teilhard de Chardin, *L'évolution de la chasteté*, (inédit), cité par J.-R. Bertholus « Le sens de la sexualité », *Pédagogie* 24 (4), 1969, pp. 307-314.

9. *Cf.* M. McLuhan, *La galaxie Gutenberg*, Montréal, HMH, 1967.

10. Encore une fois, le vieil Ésope a retrouvé une actualité criante avec sa fable de l'éléphant et des quatre aveugles.

11. *Cf.* W. Reich, préface à *La sexualité dans le combat culturel*, repris dans *Partisans* 32/33, oct./nov. 1966.

12. *Cf.* W. Reich, préface à *La révolution sexuelle*, (éd. de 1935), repris dans W. Reich, *La révolution sexuelle*, Paris, Union Générale d'Édition, 1968. Il serait simpliste de réduire toute l'œuvre de Reich à ce seul aspect. Ce n'est qu'en tant que MOYEN que Reich propose la révolution sexuelle et la révolution contre le travail aliénant. Son but ultime est de permettre à tous les individus d'atteindre le stade « génital », stade qu'il a inventé et qui suit le stade phallique de Freud. Au stade génital, l'individu est capable de faire accompagner son activité génitale d'une tendresse envers le partenaire ; contrairement à l'individu du stade phallique — qui en est resté à une sexualité agressive, sadique et infantile — la personnne du stade génital est capable de coopération sexuelle, capable de partager avec le partenaire des projets de vie qui reposent sur une collaboration libre, non aliénante, volontaire et plaisante. Certains reichiens contestent actuellement l'existence du stade « génital ». *Cf.* C.R. Kelley, « Post-primal and genital character : A critique of Janov and Reich », *Journal of Humanistic Psychology* 12 (2), 1972, pp. 61-73. Quand Reich propose la révolution sexuelle, en fait il poursuit deux objectifs : 1) permettre que soient mis en place des environnements qui puissent favoriser l'émergence des personnes de stade génital ; 2) utiliser la sexualité pour effectuer la révolution sociale. À mon avis, chez Reich, ces deux objectifs sont constamment entrelacés et sous-tendent la plupart des écrits, sauf peut-être ceux qui traitent de *l'orgone*.

13. *Cf.* Lénine, *Que faire ?* dans Œuvres choisies, Moscou, s.d.

14. *Cf.* A. Montagu, « The pill, the sexual revolution and the schools », *Phi delta kappa* 49 (9), 1968, p. 483.

15. *Cf.* J. Hitchcock, « Come the cultural revolution », *The New York Times magazine*, 27 juillet 1969, p. 4.

16. *Cf.* L. Salzman, « Recently exploded sexual myths », *Medical aspects of human sexuality* 1(1), 1967. p. 9.

17. *Cf.* J.H. Gagnon et W. Simon, « Sex education and human development », in : P.J. Finks (ed.), *Sexual Function and Dysfunction*, Philadelphie, Pa., F.A. Davis, 1969.

18. *Cf.* M. Pagès, *La vie effective des groupes*, Paris, Dunod, 1968.

19. Les Événements de Mai 1968 à Paris.

20. Et aussi de son pendant de loisir-pour-mieux-travailler. Voir aussi le numéro spécial de la *Sociologie du loisir (Sociology of Leisure)*, in: *Pacific Sociology Review* 14 (3), 1971, 243-368.

Jean-Marc Samson 143

21. *Cf.* J.-M. Brohn, « La lutte contre la répression sexuelle », *Partisans* 32/33, 1966, p. 44.

22. *Ibid.* p. 45.

23. « Iowa sociologist calls sex revolution a myth », (entrevue avec I.L. Reiss, *The New York Times,* 22 oct. 1967, p. 80 ; I.L. Reiss, « How and why America's sex standards are changing », *Trans-action,* mars 1968, p. 32 ; E.O. Smigel et R. Seiden, « The decline and fall of the double standards », *Annals of The American Academy of Political and Social Science* 376, mars 1968, pp. 7-17 ; C. Smallenburg et Smallenburg, « Facts about sexual freedom », *PTA magazine* 62, avr. 1968, p. 3 ; E. Sagarin, « An essay on obscenity and pornography », *The Humanist* 29 (4), 1969, p. 12 ; J. Hitchcock, « Come the cultural revolution », *The New York Times magazine,* 27 juillet 1969, p. 4 ; L.A. Kirkendall, « Sexual revolution : Myth or actuality », *Religious Education* 61 (6), 1966, p. 418 ; J.H. Gagnon et W. Simon, « Prospect for change in american sexual patterns », in : *VD the challenge to man ;* I.A. Caruso, « Considérations sur le développement du comportement sexuel dans notre civilisation », *Bulletin de psychologie* 32 (18/19), 1968/1969, p. 1094 ; J. Mousseau, *L'amour à refaire,* Paris, Denoël, 1969.

24. B.L. Boniwell, « The social control of pornography and sexual behavior », *Annals of the American Academy of Political and Social Science* 397, sept. 1971, pp. 97-104.

25. I. Kristol, « Pornography, obscenity and the case for censorship », *The New York Times magazine,* 28 mars 1971, pp. 112-113.

26. *Report of the Commission on Obscenity and Pornography,* New York, Bantam Books, 1971.

27. Mousseau, *op. cit.,* p. 235.

28. Ou de l'enchaînement métro-boulot-métro-dodo-métro-boulot.

29. H. Cox, *La cité séculière,* Paris, Casterman, 1968, surtout le chapitre sur la sexualité.

30. *Ibid.,* p. 234.

31. *Ibid.*

32. D. Wright, « The new tyrany of sexual liberation », *Life* (12), 1970, p. 4.

33. H. Gershman, « The changing image of man. A challenge to psychoanalysis. Part 2 : The changing image of sex », *American Journal of Psychanalysis* 27 (1), 1967, p. 28.

34. Pour plus de détails, voir l'étude des « marriage manuals » faite par L.S. Lewis et D. Brissett, « Sex as work : A study of avocational counseling », *Social problems* 15 (1), 1967, pp. 8-17. Cependant, on doit éviter de confondre *sexologie* et *manuel du mariage.* La sexologie poursuit l'étude scientifique du phénomène sexuel chez l'humain, ce qu'à mon avis, on ne peut qu'encourager. Le vrai sexologue se refuse habituellement à suggérer des recettes et des trucs sexuels, contrairement au soi-disant sexologue qui n'hésite pas à vouloir imposer à ses concitoyens un athlétisme sexuel dont la qualité scientifique est souvent douteuse.

35. J.C. Carothers, cité par McLuhan, *La galaxie Gutenberg, op. cit.*, p. 33.

36. J.C. Holms, « Revolution below the belt », *Playboy* 11 (8), 1964, p. 134.

37. P. Ricœur, « La merveille, l'errance et l'énigme », *Esprit* 289, nov. 1960, p. 1672.

38. H. Cox, « A brothel of noble dimensions : Today's sexual mores », in : J.C. Wynn (ed.), *Sex, family and society in theological focus*, New York, Association Press, 1966, p. 43.

39. La « canalisation » consiste à satisfaire un besoin général par un mode particulier de satisfaction.

40. H.M. Greenberg et J. Corwin, « A theoretical discussion on canalization as it applies to love, in our culture », *Journal of social psychology* 56 (2), 1962, pp. 171-178.

41. A. Birenbaum, « Revolution without revolution : Sex in contemporary America », *Journal of sex research* 6 (4), 1970, p. 265.

42. *Cf.* C. Saint-Laurent, « L'érotisme et la société de consommation sexuelle » *Maintenant* 99 (oct.), 1970, p. 264.

43. *Cf.* L. Taylor, « The unfinished sexual revolution », *Journal of biosocial science* 3 (4), 1971, pp. 473-492.

AU SUJET D'UN DOCUMENT

Raymond Vaillancourt

*Raymond Vaillancourt est bachelier en théo-
logie et aujourd'hui psychologue-clinicien. Il est
professeur au Cegep de Rimouski. Il a lu le document romain* Déclaration sur certaines questions
d'éthique sexuelle *et il enregistre ici ses réactions.*

Tout au long de la lecture du document intitulé « Déclaration
sur certaines questions d'éthique sexuelle », j'ai vainement cherché
une image positive de l'homme et de sa sexualité, une vision de
l'homme qui laisserait entrevoir la possibilité que la sexualité soit
pour lui un mode d'expression qui, comme tout mode d'expression
tel le langage ou le geste, est marqué par un apprentissage fait
d'échecs et d'erreurs. Je n'y ai pas trouvé cette vision de la sexualité
qui, moyen d'expression, n'est pas faite d'interdits, de permissions,
mais de prise en charge d'une dimension importante et essentielle
à tout homme. Ce qui m'apparaît devoir distinguer la sexualité humaine de la sexualité animale, ce n'est certes pas le nombre d'interdits mais la possibilité de personnalisation, inexistante chez l'animal.

Sur le plan strictement psychologique, toutes les composantes de
l'homme ont pour fin de lui permettre de mieux se réaliser, de mieux
être lui-même ; pourquoi faudra-t-il que la sexualité échappe à cet
objectif ? Au moment où nous apprenons lentement à nous départir
d'une philosophie de l'homme qui le divisait en corps et esprit, nous
aurions tort de ré-intégrer cette division au sein même de ce qui
sépare déjà l'être humain en homme et femme.

L'apport de la psychologie moderne à une meilleure compréhension de l'homme dans toute son entité ne peut être mis de côté.
Tout ce qui est susceptible d'apporter un éclairage sur la condition

humaine devrait, il me semble, intéresser au plus haut point ceux qui ont pour mission d'apporter une « bonne nouvelle » aux hommes. L'homme doit d'abord être capable de donner un sens à toutes ses composantes s'il veut pouvoir donner un sens à son existence. Le sens et la fin de son existence ne peuvent aller, à mon avis, à l'encontre du sens et de la fin de ses composantes sinon il faudrait parler d'auto-destruction.

Le handicap majeur du document m'apparaît être le suivant : on postule à la sexualité une fin qui est extérieure à l'individu et je ne suis pas certain que cette fin ne soit pas davantage sociale que spirituelle. Tant que l'on relie *sexualité et procréation,* il est difficile de parler d'épanouissement personnel. Partant de là, toute manifestation sexuelle non reliée à la fin que l'on postule risque d'être qualifiée de plus ou moins tolérable. Puis, on finit par affirmer qu'il vaut mieux vivre a-sexué (au sens péjoratif) que de se « laisser aller » à une sexualité non procréatrice. Dès lors, il est compréhensible que l'on parle de masturbation, d'homosexualité, de relations sexuelles extra-maritales comme étant des erreurs, des faiblesses inacceptables tant en principe qu'en pratique. Il n'y aurait donc qu'une seule façon acceptable de vivre sa sexualité, la meilleure façon étant encore de s'en passer !

Je ne peux m'empêcher de voir là une vieille notion présentant l'homme comme un ange déchu, une intelligence prise dans un corps dont il vaudrait mieux qu'elle se débarrasse. C'est ignorer ainsi que toute connaissance de soi-même, des autres et de Dieu passe par ce corps. Il n'y a pas plus, à mon avis, une seule façon de vivre sa sexualité qu'il n'y avait une seule façon de parler « liturgiquement » (en latin).

Préalablement à toute notion de morale, vouloir présenter la sexualité de l'homme comme n'étant que tolérable c'est porter un jugement sur l'essence même de l'homme et sur Celui qui l'a fait ainsi. Vouloir éliminer de cette sexualité ce qui ne semble pas correspondre à une fin extérieure postulée (et non imposée comme à l'animal), c'est tuer chez l'homme une partie importante de lui-même. Sommes-nous encore au temps où il fallait que l'homme meure pour que l'Église romaine vive ?

Sur un récent document

"QU'IL EST DIFFICILE D'AIMER"

Jocelyne Durand

> *Le livre de Guy Durand*, Éthique de la rencontre sexuelle, *est préfacé par sa femme, Jocelyne. Nous reproduisons ici ces pages qui, en conclusion de ce cahier, situent la sexualité dans son vrai contexte.*

En réfléchissant sur notre expérience et sur celle des gens que nous côtoyons, cette phrase de Gilles Vigneault m'apparaît dans toute sa vérité. Oui, « il est difficile d'aimer » ; certains faits laisseraient même croire que c'est impossible.

Pourquoi tant d'échecs, de déceptions, d'incapacité ? Cette question ne saurait laisser indifférent.

Alors qu'on n'a peut-être jamais autant parlé, publié sur l'amour et la sexualité, jamais peut-être le désenchantement et le scepticisme n'ont été aussi grands. Sous prétexte de libération sexuelle, le conformisme d'hier a fait place à un laisser-aller tout aussi superficiel et non moins aliénant. On restreint souvent la sexualité à l'érotisme, privilégiant l'instant plutôt que la durée, le changement plutôt que la stabilité. On oublie que la sexualité concerne toute la personne et ne peut être gratifiante que dans la mesure où elle exprime vraiment et totalement la personne.

Le climat social actuel, en ce qui concerne la sexualité, est alimenté de films et de publications qui réduisent la personne humaine à un *objet* érotique, l'amputant ainsi de sa dimension la plus fondamentale. Car l'être humain est d'abord conscience, *sujet* irréductible à tout autre. Cette situation est probablement une étape normale de la libération sexuelle. Il fallait briser les chaînes qui ont gardé les femmes et les hommes prisonniers de nombreux tabous sexuels.

Cependant, nous ne devons pas demeurer des êtres *libérés,* je veux dire des êtres qui ne font que réagir contre l'éducation reçue, contre les valeurs transmises. Au contraire, il nous faut devenir des êtres *libres,* j'entends des êtres capables de construire, d'inventer, de réfléchir sainement sur le monde et sur les valeurs qui y sont véhiculées. La personne humaine, à cause de sa densité, ne dévoile ses richesses qu'à ceux qui savent porter sur elle un regard qui va au-delà des apparences et de l'extériorité.

L'amour humain est pour l'homme et pour la femme une expérience vitale. Parce qu'il concerne tout l'être, parce qu'il rejoint les aspirations profondes du cœur humain, il conditionne toute notre vie et notre vision du monde. Un amour réussi est un des éléments les plus importants du bonheur. Il suscite un regard positif sur la vie. Il aide à surmonter bien des difficultés. Et le dynamisme qu'il engendre permet de travailler à construire un monde meilleur. Il est tout aussi vrai qu'un amour déçu conduit à une impasse et que l'échec est ressenti comme un rejet. La tendance est alors grande de bâtir une théorie à partir de cette expérience malheureuse : nier l'existence de l'amour, se méfier des autres, ne pas croire au bonheur.

L'amour vrai, qui ne se nourrit pas d'illusions mais qui est recherche d'authenticité et de vérité, existe et existera tant que nous croirons vraiment en la personne humaine. Notre recherche personnelle de vérité, notre quête authentique d'amour nous aideront à ne pas nous laisser prendre au piège d'une civilisation de plus en plus déshumanisante, parce qu'elle confine l'homme dans un rôle de consommateur : tout devient objet de consommation, même la sexualité. L'érotisme a une place de choix dans l'amour, mais privé du dynamisme amoureux, sorti de son contexte global, il devient vite insignifiant et insatisfaisant.

Ce livre, à mon avis, contribue de façon positive et réaliste à nourrir notre réflexion sur la personne humaine, sur la sexualité et sur l'amour. À égale distance des ouvrages moralisateurs et de ceux qui prônent un érotisme superficiel, ce livre propose à notre recherche de vérité et à notre quête d'amour une voie profondément humanisante — difficile mais accessible.

« *Qu'il est difficile d'aimer* »

En vente chez Fides

Durand, Guy

ÉTHIQUE DE LA RENCONTRE SEXUELLE. Essai. Préface de Jocelyne Durand. Fides, 1976. 194 p.

En collaboration

LE DIVORCE — L'Église catholique ne devrait-elle pas modifier son attitude séculaire à l'égard de l'indissolubilité du mariage ? — Travaux du Congrès de la Société canadienne de Théologie, tenu à Montréal en août 1972. 235 p. Fides, 1973. Coll. « Héritage et projet » no 6.

En collaboration

MARIAGE. RÊVE — RÉALITÉ — Essai théologique par Viateur Boulanger, Guy Bourgeault, Guy Durand et Léonce Hamelin. Fides, 1975. 206 p. Coll. « Héritage et projet » no 14.

Office de Catéchèse du Québec

LA FORCE DES RENCONTRES — Tome I : Homme et femme Il les créa. Fides, 1974. Document pour les jeunes. Document pour l'éducateur.

SEXUALITÉ ET VIE QUOTIDIENNE : Homme et femme il les créa. Document destiné aux parents. Fides, 1970. 79 pages. Illustré.

Sacrée Congrégation pour la Doctrine de la Foi

DÉCLARATION SUR CERTAINES QUESTIONS D'ÉTHIQUE SEXUELLE. Fides, 1976. 24 p. Collection « L'Église aux quatre vents ».

CAHIERS DE RECHERCHE ÉTHIQUE

(Bulletin de commande au verso)

Cahiers de recherche éthique
Les Éditions Fides
235 est, boulevard Dorchester
Montréal   H2X 1N9

Ayez l'obligeance de m'expédier :

☐   Cahiers de recherche éthique n° 1
    Problèmes et méthodes .... $3.00 l'ex.

☐   Cahiers de recherche éthique n° 2
    Le développement moral .... $3.00 l'ex.

☐   Cahiers de recherche éthique n° 3
    Une nouvelle morale sexuelle ? .... $5.00 l'ex.

Ci-inclus la somme de ....

Nom ....

Adresse ....

....

....

....

S.v.p. écrire en lettres moulées

couper et plier
et envoyer sous enveloppe avec le paiement

Il n'y a pas d'abonnements pour les *Cahiers de recherche éthique*. Mais on peut recevoir à l'avance les avis de publications si l'on envoie à l'éditeur une demande en ce sens sur la formule ci-jointe. Il suffit de découper cette page, de la plier, de la sceller, et de l'expédier avec ou sans enveloppe.

couper ici

Sans aucune obligation d'achat, je désire recevoir les avis de publications des prochains numéros des *Cahiers de recherche éthique*.

Nom ....

Adresse ....

....

....

Cahiers de recherche éthique
Les Éditions Fides
235 est, boulevard Dorchester
Montréal H2X 1N9

- -

COMMENT NOUS COPIER

À moins d'exception expresse, notée clairement à la fin d'un texte, la reproduction par copie ou polycopie (photocopie ou autres procédés) des textes des Cahiers de recherche éthique *est autorisée aux conditions suivantes, liées ensemble.*

1. *On peut copier ou polycopier* sans avis préalable *à l'éditeur des textes d'un* Cahier de recherche éthique *pourvu que l'on paie* ensuite *à l'éditeur les redevances indiquées plus bas.*

2. *Si le texte dépasse la moitié de la pagination totale d'un cahier, il ne semble pas plus coûteux d'acheter ce cahier à l'éditeur (Fides) et l'on comprendra facilement que nous insistons pour que cette solution soit adoptée, malgré les délais (que nous essayerons de faire brefs).*

3. *On paiera à l'éditeur (Fides-Montréal) une redevance de 1 ¢* pour chaque copie d'une page *des* Cahiers.
    Exemple : si l'on polycopie à 20 exemplaires un article de 10 pages des Cahiers, *cela fait 200 pages des* Cahiers, *(même si l'on a poly-copié sur des feuilles 8½ x 11, qui contiennent chacune 2 pages des* Cahiers). *On doit donc $2.00 à l'éditeur.*

    Nous croyons que ces frais peuvent aisément être réglés par les particuliers, ou acquittés par les comptabilités régulières des insti-tutions d'enseignement ou autres qui font ces polycopies.

4. *Nous n'exigeons pas le paiement de la redevance si la somme est inférieure à $1.00, mais nous demandons alors comme toujours que la source soit indiquée, que l'on fasse mention des* Cahiers de recherche éthique *sur la copie.*

5. *On envoie à l'éditeur (Fides-Montréal) le montant des redevances, en mandat ou en chèque, en adressant comme suit :*

    > Cahiers de recherche éthique
    > *Les Éditions Fides*
    > *235 est, boulevard Dorchester*
    > *Montréal H2X 1N9*

6. *L'éditeur souhaite vivement* mais n'exige pas *que les usagers s'iden-tifient et indiquent la matière copiée. D'une part on comprend qu'il nous intéresse de savoir ce qui est trouvé utile dans les* Cahiers, *mais d'autre part nous ne tenons pas à faire enquête et nous voulons laisser aux usagers le maximum de latitude.*

Achevé d'imprimer à Montréal par Les Presses Élite,
pour le compte des Éditions Fides,
le vingt-troisième jour du mois de juin
de l'an mil neuf cent soixante-seize.

Dépôt légal — 2e trimestre 1976
Bibliothèque nationale du Québec